섬강별곡 9집

춘헌 채윤병 시조시인님의 유고집을
보내드립니다.

2023년 12월 2일

채희숙 채영희 채희자
채희성 채희수 채희중 謹呈

섬강별곡 9집
蟾江別曲

시조사랑시인선 45

춘헌 채윤병
유고시조집

섬강별곡 9집

蟾江別曲

열린출판

춘헌 채윤병 유고 시조집
섬강별곡 9집

1판 1쇄 발행 2023년 12월 2일

지은이 | 채 윤 병
엮은이 | 채희숙, 채영희, 채희자,
　　　　채희성, 채희수, 채희중
펴낸곳 | 열린출판
등록 | 제 307-2019-14호
주소 | 경기도 고양특례시 덕양구 권율대로 656, 1401호
전화 | 02-6953-0442
팩스 | 02-6455-5795
전자우편 | open2019@daum.net
디자인 | SEED디자인
인쇄 | 삼양프로세스

ⓒ 채윤병, 2023
ISBN 979-11-91201-61-1 03810

*책값은 뒤표지에 표시되어 있습니다.
*저자와 협의하여 인지를 생략합니다.

■ 서시序詩

시조집『섬강별곡蟾江別曲 9집』을 내면서

구순에 섬강별곡 9집을 발간하니
우연의 일치일까? 천연의 인연일까?
기묘한 인생 행로에 밝은 빛이 솟습니다.

참삶이 무엇인지 어리둥절 헤맸던 일
덧없던 지난 세월 번개 치듯 용솟음쳐
영원한 힘찬 깃발을 펄럭펄럭 날렸다오

숭고한 문학정신 뇌리에 사무칠 땐
신비한 글발들이 꿈결에도 넘실거려
드높은 얼을 새기며 열정 다해 엮었다오

고난에 헤맸던들 낭만에 취했던들
아랑곳 아니하고 천군만마 힘줄 달궈
언제나 내 소신 가눠 줏대 마냥 잡았다오

인류의 정신문화 천추만세 빛나도록
거룩한 문학인의 높은 뜻을 고이 받아
백수연 큰 꿈에 실려 섬강별곡 읊어보리

시조의 곧은 신념 소원 성취 이루도록
내 고향 매향가에 애국심도 높이면서
드넓은 세계를 향해 억겁 탑만 쌓아보리

                      2022년 어느날 춘헌 채윤병

■ 차례

■ 서시__5

제1부 섬강과 더불어 살고

섬강별곡蟾江別曲 ·································	25
- 청산별곡 절로 터져	
섬강별곡蟾江別曲 ·································	26
- 사계절 향기	
섬강별곡蟾江別曲 ·································	27
- 소군산 사계절	
섬강별곡蟾江別曲 ·································	28
- 소설의 한 장면 펼치듯	
섬강별곡蟾江別曲 ·································	29
- 여울 찬가	
섬강별곡蟾江別曲 ·································	30
- 소설 같은 파노라마	
섬강별곡蟾江別曲 ·································	31
- 들꽃처럼 살려 하네	
섬강별곡蟾江別曲 ·································	32
- 걸을수록 힘이 솟네	
섬강별곡蟾江別曲 ·································	33
- 섬강은 동반작가여	
섬강별곡蟾江別曲 ·································	34
- 섬강 아리랑	

섬강별곡蟾江別曲 ··· 35
　　- 강바람 붓대 놀림
섬강별곡蟾江別曲 ··· 36
　　- 섬강 시인 금자탑 쌓기
섬강별곡蟾江別曲 ··· 37
　　- 날이 밝는 섬강 풍경
섬강별곡蟾江別曲 ··· 38
　　- 안개 덮인 섬강 절경
섬강별곡蟾江別曲 ··· 39
　　- 밤 풍경 연가
섬강별곡蟾江別曲 ··· 40
　　- 별들의 별곡
섬강별곡蟾江別曲 ··· 41
　　- 기러기는 우주 예술관
섬강별곡蟾江別曲 ··· 42
　　- 강변의 외로운 나무
섬강별곡蟾江別曲 ··· 43
　　- 모래밭 정경
섬강별곡蟾江別曲 ··· 44
　　- 치악산 일출
섬강별곡蟾江別曲 ··· 45
　　- 치악산 설경 파노라마
섬강별곡蟾江別曲 ··· 46
　　- 치악산 아리랑
섬강별곡蟾江別曲 ··· 47
　　- 시루봉 산신 탑
섬강별곡蟾江別曲 ··· 48
　　- 치악산 시루봉* 연가
섬강별곡蟾江別曲 ··· 49
　　- 시루봉에 달이 뜨면

섬강별곡蟾江別曲 ·· 50
  - 구룡사 산사의 밤
섬강별곡蟾江別曲 ·· 51
  - 치악산 산 그림자
섬강별곡蟾江別曲 ·· 52
  - 치악산을 넘는 구름
섬강별곡蟾江別曲 ·· 53
  - 치악산 설경
섬강별곡蟾江別曲 ·· 54
  - 그리운 학마을
섬강별곡蟾江別曲 ·· 55
  - 매화마을 찬가
섬강별곡蟾江別曲 ·· 56
  - 매향골 축제
섬강별곡蟾江別曲 ·· 57
  - 소군산은 명산 중 명산
섬강별곡蟾江別曲 ·· 58
  - 소군산 상상봉에서 1
섬강별곡蟾江別曲 ·· 59
  - 소군산 상상봉에서 2
섬강별곡蟾江別曲 ·· 60
  - 소군산 선녀바위
섬강별곡蟾江別曲 ·· 61
  - 섬강 둘레길
섬강별곡蟾江別曲 ·· 62
  - 고향 메아리
섬강별곡蟾江別曲 ·· 63
  - 향수에 젖어
섬강별곡蟾江別曲 ·· 64
  - 밤낮없이 노래하는 강

제2부 물 흐르듯 세월도 흐르네

섬강별곡蟾江別曲 ················· 67
　- 봄 강 멜로디
섬강별곡蟾江別曲 ················· 68
　- 여름 강 멜로디
섬강별곡蟾江別曲 ················· 69
　- 가을 강 멜로디
섬강별곡蟾江別曲 ················· 70
　- 겨울 강 멜로디
섬강별곡蟾江別曲 ················· 71
　- 눈길 끄는 봄 풍경
섬강별곡蟾江別曲 ················· 72
　- 봄소식
섬강별곡蟾江別曲 ················· 73
　- 섬강변 진달래꽃
섬강별곡蟾江別曲 ················· 74
　- 해토머리 연가
섬강별곡蟾江別曲 ················· 75
　- 여름 햇살
섬강별곡蟾江別曲 ················· 76
　- 가을 섬강
섬강별곡蟾江別曲 ················· 77
　- 겨울 강 소묘
섬강별곡蟾江別曲 ················· 78
　- 겨울 강 변주곡
섬강별곡蟾江別曲 ················· 79
　- 강물도 세월 따라

섬강별곡蟾江別曲 ·································· 80
　　- 강변을 걷다 보면
섬강별곡蟾江別曲 ·································· 81
　　- 속태우는 강
섬강별곡蟾江別曲 ·································· 82
　　- 강물처럼 살아보리
섬강별곡蟾江別曲 ·································· 83
　　- 강물 변주곡
섬강별곡蟾江別曲 ·································· 84
　　- 강물은 젖줄이네
섬강별곡蟾江別曲 ·································· 85
　　- 시도 낚고 삶도 낚네
섬강별곡蟾江別曲 ·································· 86
　　- 속심 깊은 강물
섬강별곡蟾江別曲 ·································· 87
　　- 섬강에 뜬 보름달
섬강별곡蟾江別曲 ·································· 88
　　- 달팽이의 기도
섬강별곡蟾江別曲 ·································· 89
　　- 민들레꽃 자화상
섬강별곡蟾江別曲 ·································· 90
　　- 아카시아 향기
섬강별곡蟾江別曲 ·································· 91
　　- 정을 푸는 알밤나무
섬강별곡蟾江別曲 ·································· 92
　　- 언덕길을 걸으며
섬강별곡蟾江別曲 ·································· 93
　　- 출렁이는 물결무늬
섬강별곡蟾江別曲 ·································· 94
　　- 고향 아리랑

섬강별곡蟾江別曲 ··· 95
    - 황금 같은 인생길
섬강별곡蟾江別曲 ··· 96
    - 인생은 칠전팔기
섬강별곡蟾江別曲 ··· 97
    - 인생도 섬강 물 따라
섬강별곡蟾江別曲 ··· 98
    - 섬강은 나의 인생길
섬강별곡蟾江別曲 ··· 99
    - 인생의 주름살
섬강별곡蟾江別曲 ·· 100
    - 알찬 열매 맺어보리
섬강별곡蟾江別曲 ·· 101
    - 부모님 산소 앞에서
섬강별곡蟾江別曲 ·· 102
    - 인생도 강물처럼
섬강별곡蟾江別曲 ·· 103
    - 물 흐르듯 세월도 흐르네
섬강별곡蟾江別曲 ·· 104
    - 황혼빛에 실려본다
섬강별곡蟾江別曲 ·· 105
    - 참 좋은 세상
섬강별곡蟾江別曲 ·· 106
    - 취중엔 모두 도루묵

제3부 봄, 꽃이 피다

해빙기를 맞아 ··· 109
봄날 오솔길 산책 ·· 110
단잠 깨는 꽃눈 ··· 111

꽃샘추위 바람꽃이 되어볼까 ·················· 112
긴 잠 깬 봄 동산 ································ 113
새봄 맞는 강물 ································· 114
봄의 전령사 ····································· 115
벌써 봄이 오나 ································· 116
새싹의 굳은 신념 ······························ 117
꽃이 핀다 ·· 118
봄바람, 꽃송이 ································· 119
요란한 봄 ·· 120
꽃들의 시샘 ····································· 121
꽃 지는 날 ······································ 122
바람도 바람났네 ······························· 123
목련꽃 ·· 124
꿈속에서 피는 꽃 ······························ 125
홍매화꽃 ··· 126
꽃잎들은 왜 저리 들고뛰나 ················· 127
살가운 바람 ····································· 128
뻐꾸기의 리듬 ·································· 129
난향에 취해 ····································· 130
꽃말에 홀려 ····································· 131
민들레의 일생 ·································· 132
정이 드는 철쭉꽃 ······························ 133
웃고 사는 꽃송이들 ··························· 134
자벌레의 하루 ·································· 135
짓궂은 황사 ····································· 136
꽃진 자린 시의 낙원 ·························· 137
괴팍한 미세먼지 ······························· 138
내로라하는 벚꽃이여! ························ 139
상현달과 하현달 ······························· 140
촛불 ··· 141
 하르방은 친구 같아 ························· 142

깨밭을 가꾸면서 ………………………………… 143

제4부 풀섶에 이는 바람

폭염 ……………………………………………… 147
번갯불 …………………………………………… 148
늙은 느티나무의 위엄 ………………………… 149
강가의 돌 ………………………………………… 150
강인한 쇠비름 …………………………………… 151
매미의 태평세월 ………………………………… 152
하얀 돌 한 개 …………………………………… 153
매미의 은유 작전 ………………………………… 154
심술궂은 소낙비 ………………………………… 155
하루살이의 짧은 생 ……………………………… 156
홀대받는 야생화 ………………………………… 157
양귀비꽃 ………………………………………… 158
별똥별의 장난질 ………………………………… 159
엄한 엄나무 ……………………………………… 160
상사화 …………………………………………… 161
꽃은 져도 즐겁다네 ……………………………… 162
저 햇살, 묘한 한 수 ……………………………… 163
옹달샘 …………………………………………… 164
백로白鷺 무리 …………………………………… 165
반가운 소나기 …………………………………… 166
단비도 도를 넘으면 ……………………………… 167
소낙비 전주곡 …………………………………… 168
소나기 성깔머리 ………………………………… 169
풀섶에 이는 바람 ………………………………… 170
나팔꽃 짝사랑 …………………………………… 171

박꽃 사랑 …………………………………………… 172
장미꽃 사랑 ………………………………………… 173
맨드라미 벼슬 자랑 ………………………………… 174
강변 개망초 ………………………………………… 175
향나무 ……………………………………………… 176
꽃구름은 화가인가 ………………………………… 177
폭포 ………………………………………………… 178
바닷바람 …………………………………………… 179
연꽃 연정 …………………………………………… 180
바람과 비의 인연 …………………………………… 181
바람꽃 찬가 ………………………………………… 182
매미들의 숲속 아리랑 ……………………………… 183
여름밤의 몽상 ……………………………………… 184
바람은 예술가인가 ………………………………… 185

제5부 가을 햇살

가을 휘파람 소리 …………………………………… 189
가을 정취 …………………………………………… 190
낙엽길 산책 ………………………………………… 191
낙엽 몽상 …………………………………………… 192
기어이 떠나는 단풍잎 ……………………………… 193
마지막 홍시 하나 …………………………………… 194
가을 햇살 …………………………………………… 195
가을 장미꽃 ………………………………………… 196
값지게 사는 나무 …………………………………… 197
꽃지는 날 …………………………………………… 198
억새꽃 ……………………………………………… 199
꽃도 못 피워 본 나무 ……………………………… 200
까치밥 몇 개 ………………………………………… 201

갈매기 춤사위 ················· 202
이름 모를 꽃 한 송이 ············ 203
꽃도 우는가? ················· 204
소쩍새 울음 ·················· 205
호랑나비, 꽃 글말 ·············· 206
귀뚜라미 연가 ················· 207
들국화 집념! ·················· 208
바람난 바람 ·················· 209
거미의 전술 ·················· 210
귀신같은 하늘다람쥐 ············ 211
서해의 해넘이 ················· 212
인정 푸는 솜털 구름 ············ 213
산 숲속 정경 ·················· 214
구름 일 듯, 바람 일 듯 ··········· 215
물억새꽃 ····················· 216
갈바람 몽니 ·················· 217
춤만 추는 바닷바람 ············· 218
비단벌레 ····················· 219
노을길 ······················ 220
가을비 내리는 날 ··············· 221
추억은 아름다워 ··············· 222
어느 식당 ···················· 223
그믐밤의 정경 ················· 224
사군자四君子 ·················· 225
자유로운 안개 무리 ············· 226

제6부 겨울바람 소나타

밤사이 내린 폭설 ··············· 229
고드름의 한살이 ················ 230

겨울바람 소나타 ······················ 231
벌거벗은 겨울 산 ····················· 232
한겨울 자작나무 숲 ·················· 233
겨울 새, 겨울 나무 ·················· 234
겨울 밤나무 ··························· 235
세한삼우歲寒三友 ····················· 236
아름다운 추억 ························ 237
꽃은 밤낮을 안 가려 ················ 238
귀향길 야간열차 ····················· 239
고목에도 새싹 돋네 ·················· 240
철없이 내리는 비 ···················· 241
외로운 낮달 ··························· 242
가창오리 ······························· 243
시서하詩書畵 계절풍 ················· 244
한 푸는 청둥오리 ···················· 245
겨울 숲속 바람 ······················· 246
한겨울 골목 바람 ···················· 247
홀로 핀 설중매화 ···················· 248
갯바람 심보 ··························· 249
세찬 바람꽃 ··························· 250
서산을 넘는 해 ······················· 251
별처럼 살아보리 ····················· 252
이상적 유토피아(Utopia) ············ 253
신선도神仙圖 설경雪景 ·············· 254
세상은 요지경 속 ···················· 255
복수초의 뚝심이여! ·················· 256
부처님 앞에서 ························ 257
설해목雪害木 단상斷想 ·············· 258
신비한 세상 ··························· 259
공상 ····································· 260
지난 세월 ······························ 261

허공을 나는 새 ·· 262
바람처럼 살고 싶어라 ····································· 263

제7부 인생별곡

내 시는 나의 별곡 ·· 267
시집을 내면 낼수록 ·· 268
황혼빛에 넋을 일궈 ·· 269
세월은 동반자여! ·· 270
꿈결 같은 세상살이 ·· 271
세월 연가 ·· 272
아름다운 향기 ·· 273
뭇 인생은 욕심꾸러기 ···································· 274
황혼길 ··· 275
세월은 흘러 흘러 ·· 276
인생의 값진 삶 ··· 277
삶의 여정 ·· 278
먼 앞날만 바라보며 ·· 279
섭리대로 사는 인생 ·· 280
그리운 인생길 ·· 281
인생길 ? ·· 282
그리운 추억 ·· 283
아쉬운 하루 ·· 284
인생 소나타 ·· 285
부끄러운 인생 ·· 286
칡덩굴 인생 ·· 287
독거노인 ··· 288
촌음 ··· 289
아쉬운 시간 ·· 290
빛보다 빠른 세월 ·· 291

값진 하루 ·· 292
되새겨보는 청춘별곡 ······················ 293
젊은이들에게 ································· 294
행복한 세상 만들기 ························ 295
낭만 꿈에 실려 ······························· 296
힘찬 한 획을 긋다 ·························· 297
별난 꿈자리 ···································· 298
열차를 타고 ···································· 299
변하는 세상살이 ····························· 300
천생연분 ··· 301
인생은 꽃잎인가? ··························· 302
인생은 언제나 봄날 같아 ··············· 303
사무치는 그리움 ····························· 304
노을빛에 물들어 봤네 ···················· 305
구슬 같은 눈물방울 ······················· 306
새벽 안개 길 ·································· 307
날개치는 인생길 ····························· 308
신문은 길동무야 ····························· 309
별빛은 삶의 길라잡이 ···················· 310
날밤 꼬박 새워 봤지 ······················ 311
괴상 야릇한 잠꼬대 ······················· 312
희망찬 아침 해 ······························· 313
명상에 잠기는 날 ··························· 314
모두 다 바쁜 하루 ·························· 315
새벽 등산 ·· 316
화난 바다 ·· 317
인생별곡 ··· 318
숲속 새아침 ···································· 319
슬픔도 아름다운 것 ······················· 320
창공의 신비 ···································· 321
굉음轟音소리 ·································· 322

낙낙장송, 끈질긴 집념 ················· 323
낙화유수 ································· 324

제8부 시인의 노래

시인의 꽃 ································· 327
시는 언제나 미완성 ···················· 328
시인의 신선놀음 ························ 329
시인의 노래 1 ··························· 330
시인의 노래 2 ··························· 331
시의 미학 ································· 332
시를 읊다 ································· 333
시혼詩魂에 취해 ························ 334
시인의 만년 꿈 ·························· 335
시인의 심상 ······························ 336
방랑자의 인생 문학 ···················· 337
시향에 취하는 날 ······················· 338
시 한 수 낚아채기 ····················· 339
시를 낚아 날려보네 ···················· 340
꿈속에서 낚아채는 글발이여! ······· 341
자화상 ···································· 342
시집을 받고 나면 ······················· 343
시는 사계절 반려자인가 ·············· 344
사시사철 이는 시의 혼불 ············ 345
꿈결에도 시를 쓰네 ···················· 346

제9부 시조로 만든 가곡

섬강별곡 ··· 349
아 섬강이여 ·· 350
아침 바다 ·· 351
대동의 새해 아침 ··· 352
대동대학 찬가臺東大學 讚歌 ·································· 354
미화기술학원 찬가 ··· 355
옥수수 ··· 356
가을 노랫가락 ·· 357

- 후기: 작품의 정리를 마치고
  - 아버지와 못다 한 대화를 나누는 시간 ················ 358
- 시비詩碑 제막식 ·· 361
- 지은이 소개__363

제1부 섬강과 더불어 살고

섬강별곡 蟾江別曲
- 청산별곡 절로 터져

소군산 마루턱에 두 무릎 받쳐놓고
섬강을 훑어보면 온 들판이 춤추는 듯
저 심덕 곱고도 고와
고향 자랑 떨고 싶다

서기瑞氣 솟는 능선마다 맑은 물에 온몸 달궈
끌며 밀며 맞손 잡고 온 천하를 끌어안고
저 넓은 바다를 향해
크나큰 꿈 일궈대며

청산유수靑山流水 맺은 인연, 피도 살도 섞으면서
흘러가는 태평세월 넋을 풀어 낚는 건가
나 홀로 제멋에 취해
청산별곡 읊어 본다

섬강별곡 蟾江別曲
- 사계절 향기

봄만 되면 산천초목 긴 잠자다 깨어나네
색동옷 성깔대로 요란스레 갈아입고
저마다 꽃향기 뿜어대
풀 벌레도 야단법석

여름이면 얼싸 좋다 튀는 핏줄 펄펄 달궈
향내 품은 이파리에 열매 마냥 맺혀놓고
탐스런 복덩어리 자랑
날개 치듯 훨훨 펼쳐

가을이면 천성 따라 곱게 물든 단풍잎들
탐스런 알찬 씨앗 주렁주렁 매어 달아
온 산야, 향냄새에 취해
호화판을 이뤄 놓네

겨울이면 단벌옷도 기꺼이 팽개치고
동안거에 들어가선 세상 잡념 접어둔 채
흰 눈발, 맑은 향수에
고즈넉이 몸 낮춘다.

섬강별곡 蟾江別曲
- 소군산 사계절

봄이 되면 기를 펴고 삼라만상森羅萬象 단잠 깨워
손님맞이 눈길 끌며 웃음 치료 앞장서네
마루턱, 상상봉에선
무병장수 장담하고

여름철 선녀 골엔 샘물 졸졸 리듬 가눠
선녀들이 놀던 터라 선심 한껏 베푼다네
안락한 쉼터에서는
천군만마 힘이 솟고

가을이면 오색단장 늘어놓는 맵시 자랑
눈이 부신 등산길에 지루함도 잊어버려
하늘눈天眼 환하게 뜨면
만사형통 이룬다네

겨울철 눈밭에도 점잖 떠는 저 소군산
옛 전설 새기면서 군자 도덕 지키면서
귀한 손, 등산객 맞이
무한 심덕 베푼다오

섬강별곡 蟾江別曲
- 소설의 한 장면 펼치듯

수중 궁궐 펼친 자리 피라미 떼 꼬리 춤에
아리따운 세상천지 새삼스레 느껴보고
신나는
시절가에 실린 듯
몸 둘 바를 몰라 하오

한세월 만고풍상 별의별 일 겪다 보면
피고 지는 들꽃처럼 내일의 희망 품고
엄연한
하늘의 뜻인 듯
고이 녹여 버린다오

강변을 하늘하늘 내 맘대로 걷다가도
딱 한 번 왔다가는 야릇한 우리 인생
소설의
한 장면 펼치듯
섬강별곡 읊는다오

섬강별곡 蟾江別曲
- 여울 찬가

밤낮도 안 가리고 험한 곳도 마다 않고
먼 앞날 점치면서 바다 향해 달리면서
우렁찬 가락을 일궈
울려대는 멜로디여!

유유히 달리다가 여울진 길목에서
신나는 자맥질에 흥이 펄펄 솟나 보다
신비한 슬기와 지혜로
힘찬 기백 일궈대고

아랑도 놀랍구나 산모롱이 굽이 돌아
무진 고난 물리치고 행복 꿈이 실렸는가
모두 다 리듬 박자 맞춰
여울 찬가 합창하네

섬강별곡 蟾江別曲
- 소설 같은 파노라마

평평한 바닥에선 얌전만 피우다가
여울목 지날 때엔 약삭빠른 바람둥이
물새 떼
놀려대는 듯
야릇하기 바이없어

산모롱이 굽이굽이 메아리로 잡아채고
곧은 길만 내달리는 신비로운 저 용맹성
온 누리
품 안에 안고
넓은 바다 꿈만 꾸나

심성이 맑고 맑아 온갖 산천 본보기도
언제나 어디서나 거짓 없는 거울 같아
저 정경
소설로 엮어
파노라마 펼쳐대네

섬강별곡 蟾江別曲
   - 들꽃처럼 살려 하네

봄이면 봄의 노래 가을이면 가을 노래
철 따라 새 옷 입고 수채화를 그려가듯
한세상
맞장구치며
들꽃처럼 살려 하네

떨리던 앙가슴도 주름잡던 그림자도
젊은 시절 되새기며 앨범 속에 간직하고
한 추억
고이고이 풀며
들꽃처럼 살려 하네

얽힌 매듭 고이 풀어 물 흐르듯 씻어내고
고통은 웃음으로 어둠은 대낮처럼
맺힌 몸
달구고 달궈
들꽃처럼 살려 하네

섬강별곡 蟾江別曲
- 걸을수록 힘이 솟네

섬강변 걷다 보면 별별 정경 느껴보네
물소리 바람 소리 어찌 그리 정다운지
이 내 몸 하늘도 날 듯
가볍기가 한이 없고

정다운 둘레길은 호사롭기 바이없어
낯설은 방랑객도 날 가는 줄 모른다오
강바람 부채질하듯
땀방울도 식혀주고

물새는 즐겁다고 날개 춤에 덩실대면
얽매인 세상만사 훌훌훌 풀어버려
섬강은 무쇠도 깎을 듯
천군만마 힘이 솟네

섬강별곡 蟾江別曲
- 섬강은 동반작가여

생시에 겪은 일이 꿈결에도 사무치고
아롱진 집념들이 물결일 듯 너울너울
섬강은 나와 한 통이여
다정하기 바이없네

강바람이 스칠 때나 붉은 노을 비출 때나
갈대밭이 흔들려도 깊은 정이 절절 솟아
섬강은 뗄 수도 없는
억 수만 년 길동무여

말없이 흘러가도 가슴팍에 사로잡혀
기나긴 세월 속에 핏줄로 맺었나니
섬강은 나의 친구여
잊을 수가 없구려

골똘한 사연들을 시집으로 연신 엮어
시혼이 넘치도록 희망 탑을 쌓아보리
섬강은 동반작가여
뗄 수 없는 인연이여

섬강별곡 蟾江別曲
- 섬강 아리랑

섬강의 넋을 지닌 믿음직한 거북바위
만년 탑 쌓고 쌓는 아라리 아라리오
아리랑 섬강 아리랑 힘찬 깃발 날려대네

몽돌은 무진 세월 옥빛 같은 몸매 달궈
만년 꿈 일궈대는 아라리 아라리오
아리랑 섬강 아리랑 세상만사 사로잡아

깨알 같은 모래알은 어딜 가나 한맘 한뜻
성스럽기 바이없는 아라리 아라리오
아리랑 섬강 아리랑 탄탄대로 갈고닦네

피라미 꼬리 춤에 물새들 날개 춤에
웃음보 터뜨리는 아라리 아라리오
아리랑 섬강 아리랑 태평성대 이룬다네

강물은 흐를수록 굳은 의지 곧추세워
바다 향해 달리면서 아라리 아라리오
아리랑 섬강 아리랑 밝은 새날 환히 여네

섬강별곡蟾江別曲
- 강바람 붓대 놀림

산 등 타고 내려왔나 강물 따라 올라왔나
정다운 맞손 잡고 그리움에 취했는 듯
저 심성 거짓도 없이 앞장서는 선구자여

사계절 어느 때나 묘한 맵시 챙기는가
하늘빛 내리받아 삼라만상 나독거려
온 강변 생기가 돌아 꿈결에도 사무치네

갖은 재주 고루 풍겨 물결 장단 일궈대고
오색물색 쏟아부어 멋진 화판 깔아놓나
무시로 대담한 솜씨 품은 재치 놀려대네

정물화는 점만 찍고 풍경화는 그려대고
갖은 꽃방 아로새겨 옹골차게 붓질하나
포부도 당당하구나 대담하기 바이없어

숲속에 들 때에는 붓끝에 힘줄 펴고
강물 속 뛰어들 땐 붓대까지 놀려대나
물새 떼 한바탕 어울려 날갯점을 찍게 하네

섬강별곡 蟾江別曲
- 섬강 시인 금자탑 쌓기

이 몸이 태어난 곳 섬강변 매화마을
매화꽃 만발하듯 웃음보가 연신 터져
저 힘찬 물줄기처럼
핏줄 마냥 달궈보리

물이라면 샘이 있고 나무라면 뿌리가 있듯
정다운 내 고향이 꿈결에도 사무치네
인생길 삶의 여정을
즉흥시로 엮어보리

강변을 걷노라면 시흥이 펄펄 솟아
날뛰는 글발들을 번개 치듯 낚아채네
거룩한 문학의 얼을
빛나도록 닦아보리

맑은 물 흐르듯이 튀는 심성 고이 가눠
보물같이 귀한 시간 먼 앞날 점쳐가며
성스런 섬강 시인으로
금자탑을 쌓아보리

섬강별곡 蟾江別曲
- 날이 밝는 섬강 풍경

날 새자 둥근 해도 싱글벙글 웃는 아침
무겁던 발걸음이 물새 날 듯 가볍구나
강물은 먼바다 향해
쏜살같이 달리는데

기쁨 솟는 둘레길엔 어딜 가나 정이 흠뻑
옹달샘 맛에 홀려 신바람이 절로 솟네
그 뉘나 다정다감해
물새들도 반겨주고

달팽이 엉금엉금 점잔 저리 부리는데
피라미는 꼬리 춤에 물장난만 치는 건가
저마다 타고난 운명
자기 멋에 사나 보다

수양버들 덩실덩실 내 멋대로 놀아나면
강언덕 들꽃 무리 웃음보만 터뜨리나
해 뜨자 섬강 풍경이
앞날 환히 밝혀주네

섬강별곡 蟾江別曲
- 안개 덮인 섬강 절경

한 치 앞도 알 수 없는 인생이라 말하지만
잠 깨운 새벽 아침 청춘별곡 읊어본다
붓대도
먹물도 없이
수묵화를 그렸구나

하늘 뜻 고이 새긴 전설의 고향인가
저 속내 아리송해 가늠 잡지 못하겠네
바람도
주눅이 들어
가쁜 숨결 몰아쉬고

햇살도 벙벙한지 먼발치서 망만 보며
세상 눈치 살피면서 걷잡지를 못하는 듯
저 멋진
섬강 풍경에
혼을 몽땅 풀어본다

섬강별곡 蟾江別曲
- 밤 풍경 연가

아늑한 밤하늘에 별과 달이 정다웁게
섬강물이 내리뛰어 사랑시만 읊조리나
저 물 속 들여다볼수록
신바람이 솔솔 솟네

어둔 밤 은하수도 살낏이 절로 터져
점잖고 은은하게 온갖 타령 불러대나
저 음정 들릴락 말락
깊은 도량 닦는 듯

물살도 밤만 되면 가락 춤에 박자 맞춰
여울목 지날 때는 목청 높여 합창하나
저 음률 맥박을 달궈
섬강별곡 읊어본다.

섬강별곡 蟾江別曲
- 별들의 별곡

수만 광년 머나먼 길 단숨에 내리뛰나
강물은 속살 펴고 온몸으로 받아들여
이 한밤 취하고 취해
오순도순 지새우네

잔별들이 왁자지껄 떼거리로 놀아나면
별똥별은 한 수 더 떠 공중묘기 부리는가
야릇한 음률에 실려
온 우주를 사로잡아

물소리 벌레 소리 너울너울 화음 가눠
하늘 손님 맞이하여 화합 마당 펼치는가
밤새껏 별들의 별곡
강물 위에 둥둥 뜨네

섬강별곡蟾江別曲
   - 기러기는 우주 예술관

아려하게 펼쳐놓은 평화로운 공중무대
섬강 절경 배경 삼는 숭고한 예술단이여
저 넓은 국제화 시대
길라잡이 앞장서네

목청도 아름답게 리듬 가락 장단 맞춰
슬기로운 날갯짓에 영묘한 공중곡예여
무한한 세계화 시대
갖은 묘기 펼쳐지네

새날이 밝아오면 기럭기럭 똘똘 뭉쳐
천연스레 닦아놓은 창창한 하늘 무대여
드높은 우주화 시대
꼭짓점을 찍고 있네.

섬강별곡 蟾江別曲
- 강변의 외로운 나무

온종일 서 있어도 몇십 년 서 있어도
외돌토리 혼자 사는 저 외로움 누가 알랴
그래도 까치집 한 채가
둘도 없는 친구인 듯

까치는 온 하늘을 쉴 새 없이 넘나들며
하늘 소식 물어다가 깃털로 씻어대나
나 홀로 저리 사는 맛
누가 감히 당할쏜가

풍상에 휘말리고 괴로움에 시달려도
햇살 한 줌 보약인 듯 사시사철 마셔대나
내 한 몸 지팡이 삼아
만년 웃음 짓는다네

섬강별곡 蟾江別曲
- 모래밭 정경

수도 없이 떼거리로 올망졸망 똘똘 뭉쳐
의좋게 도란도란 만년 탑을 쌓는구나
강물은 푯말도 없이
저리 빨리 흐르는데

이골이 나 세상살이 핏줄 속에 삭이었니
물새 떼 불러놓고 춤사위도 한판 벌여
긴 세월 쌓이고 쌓인 정
몽땅 풀고 마는구나

물세례 저리 받고 다져버린 삶의 무게
생사를 넘나들며 방랑 생활 몸에 배어
저 보람 태산과 같아
무궁무진 빛나리오

시 한가락 읊어대면 덩달아 읊어대고
햇살도 끌어내려 밝은 꿈만 꾸는구나
고요도 숨죽인 한낮
활기 한껏 불어넣네

섬강별곡 蟾江別曲
- 치악산 일출

날밤을 새웠는가 볼수록 맑고 맑아
온 산을 끌어안고 붉은 정열 퍼붓는다
저 애정,
아무도 못 말려
풀잎조차 고개 드네

치악산 시루봉은 일출 맞이 앞장선다
산자락 끌어당겨 깊은 잠 깨워놓고
하늘눈,
용틀임치며
무지개 꽃 감고 감아

허무한 지난 나날 핏줄 속에 사무친다
햇살의 곧은 뜻을 깨닫지 못했던가
흐놀다,*
철이 드는 듯
오묘함을 느낀다네

*흐놀다: 몹시 그리워하다

섬강별곡 蟾江別曲
- 치악산 설경 파노라마

백의민족 얼이 솟아 설산으로 열린 정토
거짓도 하나 없어 고개 절로 숙어지네
온 시민
거울이 되어
무한 앞길 열어준다

이 한세상 사는 방도 성스럽게 깨우치나
고달픈 세상살이 깨끗이 닦으라네
저 신념
깊고도 높아
핏줄 속에 녹여본다

신산神山이 따로 있나 치악산이 영산靈山이지
시루봉 삼신 탑에 노을빛 얼비칠 땐
온 산천
설경 풍치가
시든 영혼 깨우친다

섬강별곡 蟾江別曲
- 치악산 아리랑

상상봉 시루봉엔 아침햇살 먼저 비춰
티 없는 밝은 세상 거울같이 맑고 맑아
아리랑 아리랑고개
태평가가 절로 솟네

산마루 굽이 돌 땐 비단 같은 금수강산
신선이 놀던 터라 꿈결에도 눈에 밟혀
아리랑 아리랑고개
새가 날 듯 훨훨 넘네

골짝마다 솟는 샘물 맛보면 맛볼수록
어찌 그리 신통한가 용기백배 일궈주고
아리랑 아리랑고개
치악산은 명물이네

섬강별곡 蟾江別曲
- 시루봉 산신 탑

치악산 상상봉을 가부좌로 틀고 앉아
푸른 하늘 우러르며 원주시민 다독이나
저 큰 뜻
범종을 울려
산문山門 활짝 열어준다

깎아지른 절벽마다 돌이끼에 꽃이 펴도
먼 앞날 점쳐가며 굴레에서 벗어난 듯
중생衆生을
제도濟度하는가
천년 앞길 가늠 보네

섬강별곡 蟾江別曲
- 치악산 시루봉* 연가

골짜기 능선마다 오르고 또 오르면
점잖은 시루봉도 어서 오라 손짓을 해
떡시루 엎어놓은 듯
가락 춤이 덩실대네

이리 구불 저리 구불 등산길 아리송해
넓은 세상 휘어잡고 먼 하늘 쳐다볼 땐
햇살이 너무 반가워
앙가슴에 품어본다

바람도 비껴가고 구름도 돌아가나
천상에 오른 기분 말로는 표현 못 해
절묘한 시루봉 돌면
희망가가 절로 솟네

*시루봉: 치악산 비로봉을 예부터 떡시루를 엎어놓은 것 같다고 하여 시
 루봉이라 일컬음.

섬강별곡 蟾江別曲
- 시루봉에 달이 뜨면

믿음직한 시루봉에 환한 빛 물들이면
어느새 보름달이 얼굴 환히 내비친다
섬강물 덩달아 들뛰며
은빛 한껏 풀어놓네

물살 가른 강바람노 신이 절로 솟아올라
바윗돌 쓰다듬으며 함성을 지르는가
태곳적 정적을 살려
고향 꿈을 꾸고 있다.

밤은 깊어 고요할수록 달빛은 쏟아지고
강변 따라 구석구석 오색그림 펼쳐놓은 듯
골마다 눈부신 비경
아리랑이 절로 나네

섬강별곡 蟾江別曲
- 구룡사 산사의 밤

산사를 돌고 돌며 귀를 여는 풍경소리
백합 같은 울부짖음 별빛 감고 날밤 새워
선과 악 엇갈린 속세
바로잡고 가라 하네

한량없는 대자대비 대웅전에 넘쳐흘러
장삼 자락 솔기마다 나아갈 길 환히 밝혀
언 땅도 불심에 녹아
샘물 솟듯 차오른다

윙윙대는 바람맞이 마침표도 없는 이곳
꽃 한 송이 먼저 피워 인생 횃불 밝혀대나
산문 밖 오고 가는 이
천년만년 껴안겠네

섬강별곡 蟾江別曲
- 치악산 산 그림자

원심력 휘어잡고 산허리만 감고 도나
온종일 바쁜 하루 이 골 저 골 품에 안겨
스스로 소용돌이치며
핏대 한껏 추켜드네

시냇물 졸졸 따라 섬강에 다다르면
물결에 사무치어 요리조리 몸 달구나
한세상 끝자락에서
백년대계 세우는 듯

머나먼 길 가쁜 숨에 요리조리 몸 달구다
섬강 줄기 굽이 돌아 부활 꿈에 실렸는지
치악산 산 그림자도
묵언수행 닦고 닦네

섬강별곡 蟾江別曲
- 치악산을 넘는 구름

날마다 세상천지 유람遊覽 삼아 돌고 돌다
비로봉에 몸을 기대 나침반을 살피는가
저 심성 프리즘 같아
내 심령이 끌려가네

백릿길도 단걸음에 훨훨 나는 저 구름아
휘는 강물 가로질러 천 리 앞길 가늠 보나
한 치의 오차도 없이
민심 동향 살피는 듯

질기고 질긴 인연 심장 속에 스며들어
사무치는 영감 풀어 방점 하나 찍는 건가
하늘에 빗금 그으며
별곡 한 수 읊어 댄다

섬강별곡蟾江別曲
- 치악산 설경

흰옷이 그립던가 밤사이 갈아입고
백의민족 얼을 받아 온 천하에 자랑 떠나
첫새벽 몸단장하고
새 아침을 열어놨네

기세 퍼런 청솔나무 흰 기운을 둘러쓰고
풍경소리 고이 새겨 겸손 떨며 비손하나
고요한 설경 속에서
묵묵부답 말이 없네

깎아지른 절벽마다 수묵화를 그려놓고
능선 타는 구름 몇 점 아련아련 멋을 부려
전설 속 보은의 꿩 소리
은은하게 들리는 듯

시루봉 기슭 따라 굽이굽이 펼친 들녘
물줄기 가늠 잡는 섬강별곡 읊어대나
바람도 숨을 죽이고
귀 기울여 엿듣는 듯

섬강별곡 蟾江別曲
- 그리운 학마을

원주천 고이 흘러 섬강으로 가는 길목
대궐 같은 녹색 숲에 백학들이 놀던 자리
허전한 민둥산 되어
바람조차 등 돌려

흰 꽃송이 함빡 핀 듯 천사들이 춤추던 곳
머리가 벗겨진 듯 볼썽조차 사나워져
햇살도 얼굴 붉힌 채
한숨짓고 지나가네

복스럽던 온마을이 쑥대밭이 웬 말인가
선비가 지나가다 시 한 수도 읊지 못해
꿈에도 그리운 학마을*
전설로나 새겨본다

*학마을: 강원도 원주시 호저면 주산리(중방) 학마을은 근래에 민둥산이 되어 이제는 학무리를 볼 수가 없음.

섬강별곡 蟾江別曲
- 매화마을 찬가

매화꽃 송이마다 날빛 달빛 고이 받아
천연스런 맨드리에 사방팔방 환하구나
오복이 넘치고 넘쳐
온 마을이 들썩들썩

하사한 꽃향기는 길손들 발목 잡네
유서 깊은 매화마을 무진 도량 갈고 닦아
아려한 향수에 젖어
날 가는 줄 모른다오

저 맑은 섬강물과 평생 인연 맺어놓고
참사랑 품은 열정 성스럽게 아로새겨
영원한 터줏대감에
만년 등불 밝혀대네

섬강별곡 蟾江別曲
- 매향골 축제

섬강물 마셔대며 매화 향기 뿜어대고
향수에 몸을 달궈 마음씨도 좋겠구나
매향 골 축제에 취해
길손들이 웃고 있네

흩날리는 매화 향기 고을마다 고루 퍼져
비원祕苑같은 길 걸으며 황홀한 꿈 절로 일궈
이슬도 친구가 되어
누구나 다 도덕군자

물 청청 산도 청청 발걸음도 가볍구나
축제 마당 돌고 돌면 맑은 바람 몸에 감겨
구름도 쉬었다 가는 듯
이내 마음 끌고 가네

섬강별곡 蟾江別曲
- 소군산은 명산 중 명산

소군산* 상상봉은 서기 솟는 전망대다
구름은 지나가다 만백성의 덕담 듣고
바람은 억겁을 버틸 넓은 도량 닦고 있다

밀물처럼 몰려드는 전국각지 등산객들
선녀바위 맑은 샘물 약수로 들이기고
선경에 흠뻑 취해서 싱글벙글 웃는다오

청솔 나무 애정 풀며 풋사랑 고백하네
향수에 녹아들어 웃음 박자 절로 터져
산새도 활개 짓치며 오는 손님 반겨대고

신선이 노는 턴가 무릉도원 여기로다
명경수로 먹을 갈아 붓끝 놀려 한 획 근 듯
산줄기 힘찬 메아리 천지사방 빛을 뽑네

* 소군산은 강원도 원주시 호저면에 있으며 매호리에도 등산로가 개척돼 전국각지에서 등산객이 모여드는 명산 코스임.

섬강별곡 蟾江別曲
- 소군산 상상봉에서 1

가슴 펴고 팔 벌리면 구름도 껴안을 듯
바람은 몸에 감겨 땀방울 씻어주고
한 끼쯤 굶는다 해도
천군만마 힘이 솟네

저 멀리 치악산은 밝은 햇살 곱게 받아
천년 앞길 가늠 보며 만사형통 이루라네
한 발짝 옮길 적마다
복주머니 터지는 듯

굽이 도는 섬강물도 유유히 흘러 흘러
억겁을 지새운들 멈출 수야 있겠는가
아 아 아, 천운이 열려
무병장수 하겠구나

섬강별곡 蟾江別曲
- 소군산 상상봉에서 2

구름도 쉬어 넘는 소군산 상상봉에선
저 하늘 뜻 하도 높아 고개 절로 숙어지네
솔바람 스칠 때마다
튀는 맥박 달래보며

사방 뻗은 산줄기는 천연색 병풍 친 듯
굽이 도는 섬강물은 힘찬 붓대 놀려대듯
신비한 산수 절경이
전설 같은 풍경일세

터줏대감 바위산은 억겁 도량 닦았는가
목마른 고목에게 샘물 솟궈 인심 쓰고
우리네 인생길에도
값진 삶을 일깨우네

우주의 삼라만상 새삼스레 느껴본다
어딜 보나 조화로워 오복이 넘실대고
앙가슴 활짝 열린 채
섬강별곡 절로 솟네

섬강별곡 蟾江別曲
- 소군산 선녀바위

소군산 가슴팍에 명당자리 깔고 앉아
억겁 도량 닦으면서 생명수를 콸콸 쏟네
민심을 품 안에 안고
무진 세월 다독이며

산 노루 지나가다 마른 목 축여대면
반가이 맞이하며 품 안으로 끌어안나
매화꽃 짙은 향기가
이곳까지 치솟는 듯

누가 와도 차별 없이 청빈만을 내세운다
하늘이 무너진 들 굳은 결심 꺾을쏜가
온 세상 본보기 되어
나는 새도 웃는다오

섬강별곡 蟾江別曲
- 섬강 둘레길

어릴 적 강변 따라 강아지가 꼬리 치듯
중구난방 마구 굴던 그 옛정이 아른거려
용꿈에 사로잡힌 채
별천지를 걸어 본다

친구 같은 강바람이 시니브로 몸에 감겨
물새 떼 날개 춤에 아련하게 취해 보네
저 하늘 밝은 빛살도
고이고이 낚아채며

희망찬 백 년 꿈이 물길 따라 환히 열려
꽃망울 활짝 피듯 시詩 한 구절 절절 솟아
얼씨구, 섬강 둘레길
리듬 박자 척척 맞네

섬강별곡 蟾江別曲
- 고향 메아리

섬강물 굽이 흘러
매화꽃이 피는 마을
꽃향기 바람 타고 흥취에 젖어 들어
야릇한 선율에 실려
생동감이 넘쳐나네

나비가 덩실덩실
춤사위로 나풀대면
물새는 신풀이로 리듬 박자 척척 맞춰
찬란한 천연색 달궈
무지갯빛 펼쳐대네

정든 땅 밟노라면
옛 추억이 솔솔 솟고
팔팔 뛰는 핏줄 속에 짜릿짜릿 스며들어
우렁찬 고향 메아리
온 동네를 감싸 주네

섬강별곡 蟾江別曲
   - 향수에 젖어

떠도는 인생 삶을 그 뉜들 막을쏜가
비바람 몰아쳐도 꽃망울은 벙글거려
하늘빛
고이 낚아채
이색 꿈이 아른대네

어릴 적 친구들은 구름처럼 떠도는가
물장구치던 시절 전설로나 남겨놓고
필름이
아른거리듯
강물처럼 흘러가네

산과 들 정조 지키며 옛 정취 그대론데
온 마을 새론 문화 새 단장을 하는구나
고향 땅
향수에 젖어
천연별곡 절로 솟네

섬강별곡 蟾江別曲
  - 밤낮없이 노래하는 강

언제나 어디서나 물결치는 리듬 가락
고운 목청 펼치면서 아량 한껏 고이 가눠

강바람 리듬에 맞춰
애창곡만 읊는다오

속심은 너그러워 슬픔 따윈 아예 없어
온 산천 벗으로 삼아 화음 박자 척척 맞춰

춤바람 교향곡에 실려
태평세월 바란다오

낮에는 날빛 달궈 천연색 옷 걸쳐 입고
밤에는 별빛 아래 알몸뚱이 행세하나

주야로 망향가에 취해
날 가는 줄 모른다오

제2부 물 흐르듯 세월도 흐르네

섬강별곡 蟾江別曲
　　- 봄 강 멜로디

좋은 세상 만났다고 강물은 둥실둥실
화사한 차림새로 곳곳마다 향기 솟아

긴 잠 깬
개구리들과
행진곡에 발맞추네

강가의 버드나무 방긋방긋 눈을 뜨고
매화는 꽃사랑에 웃음보만 터트리어

새 봄날
짝짜꿍이로
리듬치는 교향곡

매정했던 겨울 한 철 미련 없이 팽개치고
희망이 넘쳐나는 넓은 바다 꿈에 실려

만물의
길라잡이로
읊어대는 백 년 가락

섬강별곡 蟾江別曲
- 여름 강 멜로디

억수장마 친다 한들
눈도 깜짝 아니하고
하늘의 뜻이라며 고이고이 받아들여
오롯한 중심을 잡고
찬미가만 부른다네

소풍 나온 다람쥐가
비바람에 쩔쩔매도
저 굳센 갈대들이 너울너울 휘말려도
세상사 때는 왔다고
망향가만 열창하네

광대한 물줄기는
흐를수록 몸피 불려
하늘빛 내려받아 천군만마 힘줄 펴고
청 푸른 대망에 실려
시절가만 읊고 있네

섬강별곡 蟾江別曲
- 가을 강 멜로디

강바람 시원하다고 나뭇잎은 춤을 추고
꽃송인 알찬 열매로 억겁 탑만 쌓고 있다

강물은 풍성한 가을
계절가에 홀린다네

언덕 굽이 감고 돌 땐 오색 물결 넘실대고
신바람이 절로 솟아 평화롭기 바이없어

알뜰한 지상 천국이다
행운가만 품는다네

여름 내내 흙탕물도 옥빛 같은 맑은 물로
여울목 지나칠 땐 날쌘 음률 조율 맞춰

먼 앞날 몽상에 잠겨
사랑가만 읊는다네

섬강별곡 蟾江別曲
- 겨울 강 멜로디

가으내 활개 치며 세상만사 주름 잡다
대문 꽉꽉 걸어 닫고 모진 심성 달구는가?

한겨울
엄동설한에도
도량 닦는 망향이여!

흰 갑옷 차려입고 침묵하기 바이없어
입 있어도 할 말 없고 점잔만 피워대나?

새봄 날
대망에 실려
가락 품는 저 곡조여!

눈발이 몰아쳐도 칼바람이 후려쳐도
하늘눈 크게 뜨고 리듬 가락 연신 펴나?

저 굳센
겨울연가로
흥을 푸는 멜로디여!

섬강별곡 蟾江別曲
- 눈길 끄는 봄 풍경

겨우내 웅크리다 계절 멋에 취했는가
밝은 햇살 내리쬐자, 내 세상 만난 듯이

봄바람 부둥켜안고
온갖 새 빛 떠올리네

매화꽃 산수유꽃 뿜어대는 저 향기에
두 눈 뜬 버드나무 산수화를 그리는 듯

신명 난 산비둘기도
나들잇길 즐겁다네

물결은 힘이 솟아 굽이굽이 마구 돌아
쓴물 단물 들이키며 생명줄만 부풀리나

섬강은 만물의 길잡이
바다 향해 들고 뛰네

섬강별곡 蟾江別曲
- 봄소식

사납던 칼바람은 슬슬슬 몸 숨기고
골짜기 눈 녹은 물 즐겁다고 노래하네

춤추는 수양버들도
봄 채비에 바쁘구나

화창한 밝은 빛이 온 들판을 뒤덮는가
민들레도 치장하고 벌 나비 유혹하며

종달새 때를 만난 듯
짝 찾기에 여념 없네

할미꽃도 점잔 피며 체면만 차리는데
강태공 뛰쳐나와 낚시질로 한탕 치나

섬강은 사계절 몸짓
섭리대로 펴고 있다

섬강별곡 蟾江別曲
- 섬강변 진달래꽃

꽃바람 꽃향기에 붉게 물든 섬강변엔
햇살만큼 불태우는 사랑 빛이 흠뻑 돋아

물새 떼
신나는 날개 춤에
별곡 연신 낚아채고

온 강변 오솔길엔 진달래가 만발한 날
꽃나무 품에 안겨 짙은 미소 짓노라면

뜨거운
내 가슴속에서도
별곡 연신 솟는다오

섬강물 바다 향해 쏜살같이 달리다가
진달래꽃 저 빛깔에 취하고 취했는가

물살에
고이 간직한 채
별곡 연신 읊는다오

섬강별곡 蟾江別曲
- 해토머리 연가

겨우내 주눅 들어
웅크렸던 강기슭은
새 봄날 햇살 받아 꽁꽁 언 땅 녹여대나?
천연의 만복을 받아
온갖 생명 생기 도네

갯버들 꿈만 꾸다
파릇파릇 풋잠 자고
강물에 뛰어들어 맵시 자랑 뽐내는가?
옛 추억 되살아난 듯
잔물결이 춤만 추네

물굽이 굽이마다
때를 만난 잎눈 꽃눈
빗살무늬 입에 물고 신이 펄펄 솟나 보다
돋을볕* 해토머리 연가
리듬 박자 척척 맞네

*돋을볕: 아침에 해가 솟아오를 때의 햇볕

섬강별곡 蟾江別曲
- 여름 햇살

햇살은 이글이글
천지사방 달궈대다
수양버들 그늘 아래 멍멍이가 짖어 대면
쌤통을 부리는 건지
강물 속에 텀벙텀벙

갖은 물색 고루 갖춰
붓질하는 힘찬 맥박
한 폭의 화폭 살려 물살도 감싸 안고
강바람 친구로 삼아
멋진 하루 보내는 듯

어느 뉘도 차별 없이
내 품 안에 끌어안고
시인은 시인답게, 예술가는 예술가답게
섬강의 얼을 본받아
온갖 재주 펼치라네

섬강별곡 蟾江別曲
- 가을 섬강

이 골 저 골 샘물들이 단풍 물에 놀아나나
산까치도 날개 치며 갈 맛에 신이 솟아
계절의 굴렁쇠 타고
동심원만 그려댄다

잊으려 잊으려 해도 잊을 수 없는 것들
무지렁이 돌멩이가 반들반들 닳고 닳듯
무지한 인생살이도
윤이 나게 닦일까

언덕배기 깔고 앉아 낯붉히는 나뭇잎들
찬 서리에 발이 시려 어안이 벙벙해도
강물은 용틀임만 치며
바다 향해 들고 뛰네

섬강별곡 蟾江別曲
- 겨울 강 소묘

가으내 그리토록 단풍 물만 끌어안고
물새 떼 날갯짓에 덩실덩실 춤만 추다
저토록
점잔만 피우나
탱탱하기 바이없어

앙가슴 활짝 펴고 아량 풀던 너그러움
허공에 팽개친 채 꿍심 마냥 품었는 듯
저 속내
넓고도 깊어
가늠 잡지 못하겠네

철통같이 달군 결심 무쇠 같은 굳은 표정
왕고집 떨쳐대며 내 체면만 차리는가
겨우내
작심이나 한 듯
꼼짝달싹 아니하네

섬강별곡 蟾江別曲
- 겨울 강 변주곡

유리알 깔아놓은 듯 곱디고운 맑은 무대
유람객 끌어들여 마음껏 즐기라나
한겨울 청량한 마음씨
만인들의 길잡이여

재롱떨던 물새들은 무릉도원 찾게 하고
밝은 앞날 점치면서 묵언수행 다짐하나
저 심성 넓고도 깊어
억겁 도량 쌓고 쌓네

시인이 어둔 밤에 등불 켜고 시를 낚듯
강물도 여울목에선 강바람 끌어안고
얼씨구, 화음 가누어
시절가 時節歌를 합창하네

섬강별곡 蟾江別曲
- 강물도 세월 따라

달빛 감는 여울물도 근심 걱정 있나 보다
밤새워 맺힌 곡절 풀어도 풀지 못해
기어이 외곬 길 찾아
울부짖음 토해내고

물길 따라 세월의 정 고스란히 남겨둔 채
무아경 속 헤매어도 넓은 바다 향한 의지
꿈엔들 잊으오리까
자다 깨도 삼삼한걸

바람 가듯 몸 부풀며 가도 가도 한이 없어
물막이에 발목 묻고 잠시 쉬어 가는 동안
한 찰나 숨죽인 강물
토막 숨을 쉬고 마네

막다른 골목에선 어리석은 선비 같아
바위벽에 부딪히어 두 동강이 난다 해도
한마디 불평도 없이
멈추지도 아니하네

섬강별곡 蟾江別曲
- 강변을 걷다 보면

맑디맑은 섬강 물은 사심도 하나 없어
핏줄 속에 스며들어 궂은 심성 닦아놓네

만인의 거울이 되어
거짓 없이 살라 하고

인생길 밝혀놓고 선심 저리 푸는 건가
그릇된 헛된 생각 햇살처럼 환히 달궈

새론 삶 만년 탑 쌓으며
깊은 도량 닦으라네

물길 따라 걷다 보면 무아경에 빠져들어
옥빛 같은 샘물 일 듯 더럽힌 몸 씻어주고

괴로운 미몽迷夢의 세계
깔끔하게 일러준다

섬강별곡 蟾江別曲
- 속태우는 강

얼마나 목이 탈까 염증 나는 긴 긴 가뭄
뼈만 남아 앙상한 몸 정신조차 우둔해져

한종일 햇살만 내려와
울화통이 터진다네

얼마나 애가 탈까 친구도 모두 뺏겨
물방개도 피라미도 참다 참다 등 돌리고

사는 게 지긋지긋해
빈 하늘만 원망하네

얼마나 괴로울까 피도 살도 모두 빠져
비구름만 기다리다 하루해를 다 보내고

눈물도 인심도 말라
야속하기 그지없네

섬강별곡 蟾江別曲
- 강물처럼 살아보리

강물은 천성대로 청렴결백 바이없고
언제나 일편단심 먼 앞날만 바라보네

저 신념 고이 본받아
억겁 탑을 쌓아보리

강물은 얽힌 매듭 시원스레 풀어대고
매사는 차근차근 순례대로 따라가네

저 큰 뜻 가슴에 새기어
열린 세상 일궈보리

강물은 바다 향해 맑은 심성 달구면서
발랄한 생기 돋워 찌든 영혼 갈고 닦네

인생길 헛욕심 버리고
양심대로 살아보리.

섬강별곡 蟾江別曲
- 강물 변주곡

평평한 바닥에선 낮은음 가다듬다
여울목 지날 때엔 높은음만 연주하나

물새도 가락에 홀려
활개 치는 저 몸짓

다슬기 숨소리도 은은히 아로새겨
해만 뜨면 햇살 악보 달이 뜨면 달빛 악보

한세월 가락 맞추어
춤사위로 활개 치고

살아온 지난날들 삶의 흐름 가늠 보나
협화음 불협화음 사시사철 고루 삭혀

옹골찬 변주곡 열창
잠든 영혼 일깨우네.

섬강별곡 蟾江別曲
- 강물은 젖줄이네

기나긴 세월 속에 고운 자태 가려 잡아
물길 따라 가슴 펴고 순례대로 살라 하네

꽃 피워 열매를 맺듯
갖은 공덕 쌓아가며

유연하고 강렬함은 어머니 품 안 같아
정답게 공존하며 존재 의식 높이라네

저 큰 뜻 하늘과 같아
태산보다 높고 높다

수백 번 넘어져도 끝까지 달리라네
마침표 찍지 말고 무한 용기 곧추세워

섬강물 참된 교훈이
만백성의 젖줄이다.

섬강별곡 蟾江別曲
- 시도 낚고 삶도 낚네

기나긴 세월 속에 물 흐르듯 살다 보면
어느덧 힘줄 속에 황소 기운 스며들어
너와 나 메아리치며 시도 낚고 삶도 낚네

모진 고통 닥쳐와도 해와 달은 내 편이라
빈 잔을 기울여도 금시에 채워시고
오복이 넘치고 넘쳐 시도 낚고 삶도 낚네

새털구름 옹기종기 공중묘기 부려대고
나는 새도 너무 좋아 날랜 깃 활활 펴면
강물도 춤바람 솟아 시도 낚고 삶도 낚네

섬강별곡 蟾江別曲
- 속심 깊은 강물

지난 세월 새겨보면
유난스런 굴곡의 삶
저 강물 흐르듯이 산 역사의 증거였네
밤낮을 가리지 않고
인생길 창조하듯

얕은 곳 깊은 곳
가릴 것도 하나 없어
수면은 잔잔하고 유난히도 푸르구나
수만 년 흘러 내려가도
그칠 줄도 모르고

속심이 깊은 건가
아량이 넓은 건가
평행선 그리면서 변할 줄도 몰라 하고
굴곡진 우리네 삶을
시원스레 풀어 주네.

섬강별곡 蟾江別曲
- 섬강에 뜬 보름달

태곳적 신비인가 현대판 예술인가
환한 얼굴 내밀고서 갖은 마술 부려대네
금 빛살
새 물결 타고
안개 이불 펼쳐대며

은하수 넘나들며 별천지를 이뤄놓고
별 무리 끌어들여 새론 왕국 꿈만 꾸나
저 몸매
황제와 같아
세상만사 주름잡네

저 달과 마주침은 숙명적인 인연인가
내 발목 잡을수록 행복감에 절로 취해
이 한 밤
무아경에 빠져
사랑 꽃을 피워 보네

섬강별곡 蟾江別曲
- 달팽이의 기도

천년 꿈을 꾸었는가
집 한 채 둘러메고
걸어온 길 뒤로한 채 앞만 보고 기어가네
저 몸짓 믿음직스러워 군자 도덕 지키는가

바깥세상 흔들려도
눈도 깜짝 아니하고
시 한 수 긁어모아 귓속말로 읊조린 듯
하도나 점잖고 점잖아 피라미도 비껴가네

맑은 물 마시면서
무병장수 다지면서
섬강의 오랜 역사 핏줄 속에 되새기나
한평생 오체투지 五體投地로 억겁 도량 닦고 있다

섬강별곡蟾江別曲
- 민들레꽃 자화상

메마른 땅에서도 힘줄 저리 가누면서
해마다 떳떳하게 활짝 웃는 민들레꽃
오붓한
만년 터 잡고
근심 털고 살라 하네

모질게 짓밟히는 기구한 삶이건만
기묘한 아이디어 대대로 물려받았나
해마다
강인한 생명력
꿈결에도 피고 진다.

꽉 잠긴 자물쇠도 활짝 여는 열쇠처럼
우리네 막힌 심성 하늘눈 뜨게 하네
만인의
본보기여라
펼쳐대는 저 자화상

섬강별곡蟾江別曲
- 아카시아 향기

꽃송이는 보이는데 향기는 안 보이네
손에도 안 잡히고 형체도 전혀 없네
기어이, 코를 내밀면
그제서야 콕콕 찔러

꽃향기의 예술인가 주저앉고 말겠구나
요술쟁이 장난 같아 귀신 곡할 노릇이네
기어이, 점잖은 사람
요리조리 놀리는 듯

체면이야 있건 말건 향내 뿜는 달사達士인가
멍청하게 바라보다 시 한 구절 절로 솟아
기어이, 아카시아 향기
시 한 수로 읊어본다

섬강별곡 蟾江別曲
- 정을 푸는 알밤나무

어렸을 적 밤나무는 이승 이미 등 돌리고
대를 이은 햇밤나무 앞다투어 반겨준다
옛정을 물려받았나
이내 맘도 솔솔 끌려

토실토실 일밤 송이 입 벌리며 웃어댄다
한 찰나 쏜살같이 발끝에 툭툭 떨어져
가는 길 가로막으며
내 손끝을 휘어잡아

봄부터 뻐꾸기는 화음 가눠 울어댔지
시원스런 가을바람 가지 끝에 돌돌 말려
강산은 변하고 변해도
고향 정은 여전하네

섬강별곡 蟾江別曲
- 언덕길을 걸으며

천연스런 물빛 달궈 아로새긴 묘한 풍경
피라미도 너무 좋아 꼬리 춤에 놀아나고
내 혼쭐 끌고 당기어
정신조차 아롱대네

물결은 햇살 감고 눈부시게 철렁철렁
물새들 날개 춤에 나도 홀짝 반해버려
저 멋에 어슬렁거리다
주저앉고 말겠네

들꽃 송이 피운 강변 풀빛으로 물들이고
높은 하늘 쳐다보면 만년 등불 밝혀논 듯
저 현상 신기루 같아
별난 세상 느껴보네

섬강별곡 蟾江別曲
   - 출렁이는 물결무늬

해맑은 가슴팍에 햇살까지 끌어안고
향수에 젖고 젖어 꽃무늬를 일구는가
저 품성
넓고도 깊어
하늘빛도 덧칠하네

나부끼는 강바람쯤 고이고이 받아들여
풍선이 팔랑이듯 몸짓으로 살랑대나
저 아량
감춰놓은 채
밀어로만 속삭이고

피라미가 꼬리 친들 다슬기가 점잔 떤들
물새들 날개 춤에 리듬 박자 척척 맞춰
한 생애
물결무늬를
출렁출렁 일궈대네

섬강별곡 蟾江別曲
- 고향 아리랑

태胎 버린 고장이라 꿈결에도 아른거려
한평생 피에 맺혀 시계탑을 쌓아보네
아리랑, 고향 아리랑
뼛속 깊이 사무친다

털터리 빈털터리 맨손 들고 헤매어도
산과 강 내 편이라 탄탄대로 걷는 기분
아리랑, 고향 아리랑
안 먹어도 배부르다

싱싱한 산천초목 꽃피워 열매 맺어
버릴 것 하나 없어 티끌조차 끌어안네
아리랑, 고향 아리랑
믿음 가득 솟구친다

정든 땅 밟을수록 둘도 없는 친구 같아
흙냄새 맡아보면 금싸라기 움켜쥔 듯
아리랑, 고향 아리랑
영원토록 불러본다

섬강별곡 蟾江別曲
- 황금 같은 인생길

먼 산을 쳐다보고 앞 강을 훑어보면
부풀었던 옛꿈들이 아스라이 사무치어
기어이,
높고도 넓은 뜻
핏줄 속에 쟁여본다

아름다운 아롱무늬 몸에 칭칭 감으면서
환상도 그려봤지 나침반도 돌려봤지
한 생을
헤매고 헤매다
여기까지 걸어왔네

지난 세월 오욕칠정 새삼스레 뉘우치면
윤회의 수레바퀴 애처롭기 기신없어*
먼 앞날,
황금 같은 인생길
촛불 앞에 밝혀본다

*기신없다: 기력이 없고 정신이 흐리다

섬강별곡蟾江別曲
- 인생은 칠전팔기

한평생 살다 보면
별별 일 다 겪는걸
수없이 넘어져도 기어코 일어서고
오뚜기 제자리 서듯
결심 하난 뚜렷하다

모진 터널 뚫고 나갈
뱃심도 부려보고
목표는 저 높은 곳 성스러운 고지 탈환
독수리 힘찬 날개 펴듯
천 리 앞을 가늠 보며

칼바람이 후려친들
바위벽이 뚫릴쏜가
떠돌이 생활인들 넋이야 변할쏘냐
인생은 칠전팔기로
꽃 한 송이 피운다네

섬강별곡 蟾江別曲
   - 인생도 섬강 물 따라

때가 되면 눈 내리듯 머리칼도 희끗희끗
세월의 법칙인 걸 하늘인들 막을쏜가
어느새
어물쩍거리다
순리대로 따라가네

아스라한 기억 저편 뒤돌아볼 새도 없이
차일피일 미루다가 놓쳐버린 값진 삶도
예 와서
사랑하겠노라고
힘줄 달궈 외쳐본다

금쪽같은 아쉬움을 꽃송이로 피워놓고
끝내는 물 흐르듯 저리 가고 마는 것을
인생도
섬강물 따라
알찬 열매 맺어본다

섬강별곡 蟾江別曲
- 섬강은 나의 인생길

언제 봐도 변치 않는 믿음직한 섬강이여
한 생을 살다 보면 불안도 있으련만

물결에 눈길 돌리면
웃음꽃이 핀답니다.

불행과 행복 사인 실금 같은 경계로다
하늘 뜻 바로 새겨 가슴팍에 앉혀보면

절망도 삶의 무늬로
번쩍번쩍 빛납니다

자나 깨나 강물같이 앞만 보고 달려가면
집적대는 마귀쯤은 두 손 들고 마는 것을

단 한 번 태어난 인생
맑고 밝게 살렵니다.

섬강별곡 蟾江別曲
- 인생의 주름살

대망의 꿈을 안고 튕겨대던 힘찬 맥박
삶의 무게 짊어진 채 높은 이상 펼치려다
호수에 물결이 일 듯
주름살만 생겼는가

오나가나 연륜 따라 허덕이던 무진 세월
몽상에 사로잡혀 부질없이 휘말리다
실바람 방향을 잃듯
주름살만 생겼는가

뒷산도 훌훌 넘고 앞 강물도 훨훨 날고
넓은 세상 헤엄치며 상아탑을 쌓으려다
고목에 나이테 감기듯
주름살만 생겼는가

섬강별곡 蟾江別曲
- 알찬 열매 맺어보리

이 한세상 사는 맛이 꿀맛처럼 달콤하네
물총새 날개 치듯 피라미 꼬리 치듯
음양의 조화를 이뤄
꽃 한 포기 심어보리

햇살도 예나 제나 쏜살같이 내리쏟듯
초목은 한 생애를 하늘로만 고개 들듯
무한한 욕정을 달궈
꽃 한 송이 피워보리

섬강은 밤낮없이 바다 향해 들고뛰듯
소나무는 사시사철 푸른 정조 지켜가듯
참 샘물 찰떡궁합에
알찬 열매 맺어보리

섬강별곡 蟾江別曲
- 부모님 산소 앞에서

그림을 그린다 해도 저 참모습 못 옮기리
계절 따라 복스럽게 피워대는 꽃송이들
이 한 몸 끌고 당기어 꿈결에도 사무친다

봄이면 모란꽃에 개나리 진달래도
튀쳐나온 벚꽃들과 앞다투어 덧칠하고
영산홍 붉은 정열 쏟아 힘찬 붓대 놀리는 듯

가을엔 국화꽃들 천연스레 튀쳐나와
단풍 물에 깜짝 놀라 어깻바람 절로 솟나
산새들, 제멋에 취해 풍악 소리 울려대고

유서 깊은 소군산은 힘찬 맥박 달구치어
섬강물 리듬 가락 바람 타고 예까지 와
비석은 하늘빛 새겨 등산객들 눈길 끄네

섬강별곡 蟾江別曲
- 인생도 강물처럼

강물은 일편단심 사시사철 달리듯이
인생도 저와 같아 평생 외길 뛰지 않나
무지한 행로를 찾아 환한 등불 밝히면서

산다는 건 즐거운 일 그 무엇과 바꿀쏜가
만고풍상 달게 받아 맥박 톡톡 퉁겨대면
한평생 핏줄이 팔팔 희망 샘이 솟는다오

찬란한 무지갯빛 꿈속에서 아른댈 땐
물새 떼 날갯짓에 피라미 꼬리 치듯
에너지 콸콸 일구어 웃음꽃도 피워 보고

오만가지 근심 걱정 태산같이 쌓인대도
백로가 물결 타고 갖은 멋 풍겨대듯
저 굳센 소나무 초록 정신 섬강물에 녹여본다

섬강별곡 蟾江別曲
- 물 흐르듯 세월도 흐르네

섬강물도 흘러가다 바위벽에 부딪히듯
강 언덕 버들가지 칼바람에 휘말리듯
인생도
저와 같아서
갖은 고뇌 삭여본다

저 들판 잡풀들도 오색 꽃잎 피고 지고
이슬방울 흘러 흘러 어디론가 사라지듯
마음은
간절하여도
가는 정은 못 말리네

아무도 밟지 않는 옥빛 같은 강모래도
억수 같은 흙탕물엔 온몸을 담그듯이
세상사
다 그런 거라고
백팔번뇌 달궈보네

섬강별곡 蟾江別曲
- 황혼빛에 실려본다

바퀴 없이 굴러가도 서산에 해는 지고
금쪽같이 귀한 시간 청춘길 밟고 왔네
지나온
수많은 미련
새싹 돋듯 새겨본다

날빛 달빛 고루 감겨 빈틈없는 인생길을
번개같이 지난 속세 노을 물에 헹궈대고
값진 삶
멋진 마무새
오색 풀어 여며본다

미워한들 무엇하랴 둥근 원만 그려가리
참되고 참된 진실 핏줄 속에 고이 새겨
한평생
이루지 못한 꿈
황혼빛에 실려본다

섬강별곡 蟾江別曲
- 참 좋은 세상

가뭄 끝 비 소식에 설레는 온갖 산천
후드득 빗방울이 허공 속에 빗금 칠 땐
막혔던
가슴이 뚫려
쾌속 열차 타는 기분

얄궂던 미세먼지 제 물에 쫓겨가고
벚꽃은 날뛰듯이 구름 따라 덩실덩실
참 좋은
세상인가 보다
살맛 절로 솟는다네

샛강 변 버드나무 춤사위를 일궈대고
물새도 즐거운지 떼거리로 신명 풀어
오가나
춤마당 한 판
향기 속에 놀아나네

섬강별곡 蟾江別曲
- 취중엔 모두 도루묵

취중에 걷다 보면 굳은 땅도 덩실대고
물레방아 돌아가듯 온 하늘이 둥실둥실
청명한 요지경 속에서 정신조차 팔아버려

강물도 너울너울 알몸 저리 털어놓고
곁눈질로 속삭이며 속임수를 쓰는 건지
임의 발 끌어당기며 갖은 수작 다 부린다

피라미 떼 한 수 더 떠 넋을 푸는 저 꼬리 춤
조약돌 끌어안고 별별 장난 마구 친다
세상사 용꿈을 꿔도 한번 가면 못 온다고

바람 타는 조각구름 단 잔에 돌았는가
오락가락 엉거주춤 방향조차 잃었는지
취중엔 모두 도루묵 허둥지둥 애를 먹네

제3부 봄, 꽃이 피다

해빙기를 맞아

냉랭했던 겨울 한 철
가슴살을 펴지 못해
웅숭웅숭 웅크리다 부활 꿈을 꾸었는가
마침내 쳇바퀴 돌 듯
해빙기를 맞이하고

넋을 잃던 햇살조차
빛을 활활 쏟아붓고
봄바람 불러들여 얼싸 좋다 놀아나나
저 정경 부딪칠수록
천군만마 힘이 솟아

개울물도 때는 왔다
태평가를 불러대고
나무는 잎눈 꽃눈 나팔 불 듯 와자지껄
새 소리, 벌레 소리도
시공 세계 훌쩍 넘네

봄날 오솔길 산책

눈 녹은 자리에선 개나리 노란 웃음
새 소리 벌레 소리 화음 가눠 합창하네
동장군 물러갔다고 터줏대감 행세하며

골짝마다 모인 샘물 호화판을 이룬 자리
망나니 개구리들 천방지축 마구 놀아
저 땅속 놀란 새싹들이 얼떨결에 잠 깨는 듯

나뭇가지 초록 눈에 꽃망울 터져대면
흰 구름도 얼싸 좋다, 춤사위 둥실둥실
새 봄날 오솔길 산행 사랑가가 절로 솟네

단잠 깨는 꽃눈

길고 긴 삼동 겨울 꿈속에서 헤맸었지
햇살은 재촉하나 칼바람이 어깃장 놔

고래 등
싸움터에서
억지 참고 지냈네

세월이 약이라던가 때는 좋다 춘삼월에
어느 날 나도 몰래 단잠 깨고 눈을 떴네

아 아 아,
꿈결이런가
이렇게 밝을 수가

꽃샘추위 바람꽃이 되어볼까

청운의 푸른 꿈 꾸며 산전수전 다 겪으며
도는 피가 멈출 듯한 꽃샘추위 이겨내고

눈발도 뒤집어쓰는
야생화가 되어볼까

살얼음 심통부려도 시치미도 떼어보고
설중매 빨간 열정 구석구석 풍기듯이

귓불이 시큰하도록
강인정신 길러볼까

뼈마디가 쑤셔대도 얼간이가 되어 보고
어둠 밤길 요리조리 별빛 사이 숨어들다

저 하늘 바람꽃 되어
엷은 햇살 녹여볼까

긴 잠 깬 봄 동산

눈 뜨기 전 봄 동산은 검버섯 피었건만
꽃 피운 새 얼굴엔 웃음기만 핑핑 돈다
뭇사람 살살 꾀이는
아이큐가 높은 건가

한세상 살다 보면 별의별 일 다 있는 법
기쁜 일 슬펐던 일 오감으로 슬슬 풀어
산과 들 긴 잠 깨어나
새론 역사 꿈만 꾼다

한번 세운 알찬 계획 멈출 수는 없다는 듯
날마다 용꿈 꾸며 천하를 주름잡아
쾅쾅쾅 맥박을 울려
지축까지 뒤흔드네

새봄 맞는 강물

옥돌 같은 얼음장은 세상 물정 깨우치고
너나없이 한맘 한뜻 앞길 훤히 뚫어놓나
어느 날
눈 깜짝할 찰나
맑은 속내 드러내며

언덕배기 텃세 잡고 점잔빼던 느티나무
강물에 내 몸 비춰 낯살 자랑 뽐내는가?
물새 떼
불러다 놓고
화합 잔치 재촉하네

피라미 꼬리 춤에 조약돌은 속웃음만
타고난 천성대로 고스란히 되새기나
온 산하
힘줄 달구어
새봄맞이 한창이다

봄의 전령사

찬 이슬쯤 맺히어도 봄빛 쬐는 온갖 만물
긴 긴 잠 깨고 나서 때는 좋다 날뛰는가
고목은
나이 자랑에
점잔 저리 떨건만

비탈길 언덕마다 여리디여린 새싹
한바탕 떼거리로 봄소식이 반가웠나
겨우내
겪은 풍상을
서슴없이 털어놓네

매화는 꽃 자랑에 잔치마당 벌이는가
가지마다 꽃송이를 복스럽게 매어달고
희망찬
봄의 전령사
환한 깃발 휘날리네

벌써 봄이 오나

봄 소리 살살 들려 귀 기울여 엿들으면
사방에서 울근불근 그렇게도 수선떨어
인생의
사는 참맛을
뼈마디에 삭여보네

당당하던 얼음장이 속절없이 맥 못 추나
계절병에 풀린 그물 고기떼도 훨훨 튀고
사는 맛
이게 어디냐고
맑은 천지 휘어잡네

물기 오른 버들개지 푸르름을 자랑하고
가지마다 걸린 악보 유별나게 걸어놨네
온종일
가락 읊어도
끝이 없는 봄날이여

새싹의 굳은 신념

포부도 당당하다
날 때부터 곧은 신념
굳은 땅 밀고 올라 핏줄 속에 고이 챙겨
새 세상 대망에 실려
힘찬 맥박 퉁겨대네

겨우내 굳은 맹세
뼈마디에 새기는 듯
햇살만 쳐다봐도 무한 힘이 솟나보다
날마다 몸피 불리어
줏대 한껏 세워대네

풀 벌레도 끌어안고
새론 멋에 취했는가
만고풍상 겪어댄들 눈도 깜짝 아니하고
꽃 피워 열매 맺을 날만
밤낮없이 달궈대네

꽃이 핀다

때는 좋다 이 계절에 목소리만 높였는데
한 찰나 새 옷 입고 그토록 뽐내면서
기어코 입술을 열고 환한 웃음 짓는구나

진주 이슬 맞았는가 어찌 그리 이쁠쏜가
가던 길 멈춰서서 혼마저 뺏기겠네
꽃다발 누굴 주려고 친절 저리 베푸는가

마지막 꽃잎 하나 아끼고 아끼다가
살랑 바람 불어올 땔 손꼽아 기다린 듯
마침내 한 하늘 열고 세상인심 사로잡네

꽃망울 저 혼자서 온 우주를 열고 있다
꾸밈도 거짓도 없이 타고난 천성대로
좋은 날 좋은 시 택해 부활 꿈을 일궈가며

봄바람, 꽃송이

눈 꽃송이 피우려던 해맑은 함박눈은
봄 햇살에 주눅 들어 슬그머니 몸 낮추고
한 계절 눈치만 살피다
세상만사 포기해

산천은 마주 보며 보란 듯 싱글벙글
생기가 우뚝 솟아 튀는 핏줄 아로새겨
웃음보 터뜨려 가며
계절가 합창하고

봄바람은 대궐인 양 어화둥둥 춤을 추면
왕관 쓴 꽃송이들 풍류시만 연신 읊어
기어이 찰떡궁합에
깊은 인연 맺고 맺네

요란한 봄

온 숲이 봄바람에 야단법석 떨고 있다
가지마다 푸른 죽창 임전 태세 갖췄는지
골짜기 골짜기마다
힘찬 넋이 활활 넘쳐

큰 나무 작은 나무 시새우긴 마찬가지
앞섶 환히 열어놓고 눈알 톡톡 쏘아대며
하늘도 휘감아 쥔 채
진군나팔 불어댄다

시냇물도 요란 떨며 고성방가 늘어놓고
혈관 속의 튀는 맥박 걷잡지를 못하는가
꽃향기 들이마시며
주야장천 들고 뛰네

꽃들의 시샘

붉은 꽃은 붉은 자랑 노랑꽃은 노랑 자랑
타고난 연분 따라 팔자대로 사는 것을

그 누가
탐낸다 한들
막을 수는 없잖은가

큰 꽃송이 작은 꽃송이 맞보며 견주면서
생김새는 서로 달라도 눈치로 사는 것을

저마다
천성을 가려
시샘 한껏 부린다네

꽃 지는 날

젊음을 불사르며 바람 타고 흩날리다
야심 찾던 숱한 욕심 고이고이 되새기며
꽃망울 맺힌 사연 몽땅 풀고 떠나는 듯

아리땁던 애정마저 몰밀어 팽개치고
호사롭게 살핀 보람 추억 속에 묻어 둔 채
속울음 참아가면서 흐르르 몸 낮춘다

화목했던 이웃사촌 봄 꿈꾼 듯 뒤로하며
미련도 아쉬움도 운명으로 돌리는가
조용히 민낯을 들고 작별 인사하고 마네

바람도 바람났네

바람은 바람대로 바람 뒤만 줄줄 쫓아
낮 바람 밤바람에 깜냥대로 노는 바람
바람도 사랑에 취해
맞바람에 녹는 바람

바람은 성깔 따라 칼바람 샌님 바람
들바람 산바람에 강바람 회리바람
바람도 치맛바람에
놀아나는 건들바람

꽃바람 바람났네 제멋대로 노는 바람
골바람 앞세우고 산마루 넘는 바람
봄바람 바람기 일궈
바람답게 바람피워

목련꽃

겨우내 도량 닦듯 말이 없던 그대 모습
해마다 지켜봐도 계절 맛을 느낀다네
올해도 앙가슴 펴고
손님맞이 한창이다

이웃집 청솔 나무 뗄 수 없는 친구인가
밤낮없이 속삭이며 정담만 나누는 듯
봄이면 꽃바람 불러
깊은 사랑 펴고 있다

내뿜는 짙은 향기 나비 떼 끌어안고
산비둘기 불러들여 꿈의 동산 펼치는가
꽃송이 화다닥 피워
쥔 나그네 발목 잡네

꿈속에서 피는 꽃

달빛이 창문 틈에 꽃잎 마냥 기대앉아
시 한 수 읊으라며 머리끝을 살살 끈다
꿈속에
아른거리어
개나리도 웃어대고

향내 뿜는 찔레꽃이 내 품에 파고들어
고요한 이 한밤에 어찌 그리 다정한지
벌 나비
불러다 놓고
사랑싸움하자 한다.

눈길 주며 친할수록 아리따운 별이런가
무디던 냉가슴도 불꽃처럼 활활 달궈
이 한 몸
퍼뜩이다가
꽃술 물고 깨어났네

홍매화꽃
- 사랑 꽃을 피우는가?

차디찬 눈발 딛고 얼굴 내민 홍매화꽃
남보다 앞장서서 꽃샘을 부리는가
저 힘줄,
곧추세우며
사랑 뜻을 펴는 듯

꿈결에도 사무쳤나 별난 세상 잊지 못해
민초들의 아린 심정 달래고 다독이며
언 몸통,
핏줄로 달궈
사랑가를 부르는 듯

낡은 인심 끌어안고 몽니도 부려가며
있는 정성 그대 위해 송두리째 바치려나
해탈의
기쁨을 안고
사랑 꽃을 피워대네

꽃잎들은 왜 저리 들고뛰나

용꿈 꾸며 태어날 땐 석 달 열흘 잡았건만
도둑잠 자고 가듯 번개같이 들고뛰네
정담도 나눌 새 없이 설쳐대는 저 몸짓

진사리 마른자리 열매 하나 남겨놓고
나비 같은 춤사위에 노래 한 곡 뽑는 찰나
꾀꼬리 꾀꼴 소리에 줄행랑을 치고 마네

잽싸 빠진 나뭇잎은 복덕방을 차지한 듯
밤낮없이 나풀나풀 수다 떨다 나날 보내
꽃잎은 저세상에서 쌓인 속내 풀어댈까

살가운 바람

자고 나면 낯선 바람 휘파람 불며 불며
내 땅 네 땅 구별 못 해 마구발방 짓밟는가
타고난
제멋에 겨워
온몸 저리 흔드는 듯

일 초도 쉬지 않고 오나가나 살랑살랑
정처 없이 떠다녀도 핏줄만 달궈대나
만물의
숨통 터뜨려
맞댈수록 살가롭네

옷맵시 못 갖춰도 의지 하난 또렷또렷
익숙한 여행길에 자유정신 몸에 뱄나
방랑시
읊어가면서
신명풀이 하는 듯

뻐꾸기의 리듬

무에 그리 서글퍼서 밤잠도 설치면서
캄캄한 외곬길에 예까지 날아왔나
드넓은 저 하늘에서 별들만이 날뛰는데

소싯적 곯던 배를 뼛속 깊이 되새기며
고목을 끌어안고 맺힌 여한 몽땅 푸나
옹골찬 맥박을 달궈 읊조리는 저 멜로디

들판에 민들레 깊은 잠에 빠졌을까
온종일 웃음 떨다 저 소리 듣고 있을까
사는 맛 절로 우러나 뛰던 심장 달래겠지

희미한 달빛 아래 벌레 소리 화음 가눠
저 음률 아로새겨 서정시가 절로 솟아
나 또한 싱숭생숭해 동심원만 그려보네

난향에 취해

신비로운 저 몸맵시 향내 또한 으뜸이네
꽃 중의 꽃이런가? 산뜻하게 그지없어
화사한
봄의 전령사
세상 눈길 독차지해

곱고 고운 화장술도 독특한 취향인가
남보다 뛰어나게 용모 자랑 늘어놓아
저 심성
하도 맑아서
벌 나비도 탐내는 듯

널려 빠진 들꽃 산꽃 아우성 치건마는
햇살도 멋에 홀려 샘풀이를 하는 건가
난향에
취하고 취해
찰떡같이 들러붙어

꽃말에 홀려

비바람에 젖은 가슴 몽땅 날려 다듬는가?
화들짝 입 벌리고 방긋 웃는 저 모습엔
진정코,
맺힌 사랑을
속 시원히 풀려는 듯

운치 멋에 취했는가 정신조차 아리송해
발걸음 옮길수록 나도 몰래 어리벙벙
무심코
주저앉은 채
눈빛 저리 돌려 봤지

울긋불긋 갖은 색깔 호화롭게 몸매 가눠
펄펄 끓는 메아리로 사방팔방 눈길 끄나
아롱진
꽃말에 홀려
꼼짝달싹 못 하겠네

민들레의 일생

길섶도 마다 않고 낯 하나 안 붉히고
그날이 그날인 양 길손님 반기는가
야릇한
저 무게중심
무쇠보다 무겁네

한 세상 살다 보면 별별 일 있으련만
모두 다 삭혀 대며 원망도 하나 없이
스스로
위로하면서
욕심 없이 사는 삶

그리움 쟁인 가슴 눈 녹듯 녹여버려
나비 떼 불러대며 흥겨운 나날 보내
만인의
심금을 울려
젖은 옷깃 말린다.

정이 드는 철쭉꽃

만져 보면 정이 들어 터질 것만 같아 보여
살며시 한 발짝씩 조심스레 입 맞추면

선홍빛
고운 노래가
귀에 쟁쟁 들려요

실려 오는 산들바람 샘이라도 부리는가
꽃잎에 날름 앉아 살금살금 간질이다

이 눈치
저 눈치 보며
상처 날까 망설여요

웃고 사는 꽃송이들

불꽃이 타오르듯 무진 정열 뿜고 있네
갖은 색깔 빛살 타고 고운 몸매 너울거려
저 심성 맑고도 밝아
기쁨만이 솟구친다

깊은 정 가득 품고 무한 사랑 담뿍 쏟네
해맑은 꽃대처럼 길 밝히는 등불 같아
무겁던 발걸음조차
풍선 날 듯 가볍구나

벌 나비 홀리도록 짙은 향내 연신 품어
너울너울 춤가락에 웃고 사는 꽃송이들
한 세상 복이 철철 넘쳐
호사 한껏 누린다네

자벌레의 하루

타고난 천성인가 측량사의 후예인가
낯선 길 연신 재다 낮잠도 못 잔다네
한종일 정성을 다해
자질하다 날 저물어

저 하늘 끝어안고 좋은 날민 골라잡아
이 세상 영웅처럼 천하를 주무른다
날파리 아우성쳐도
들은 척도 안 하며

나무는 군자인 양 먼 산만 바라보고
자벌레는 숨 고르며 눈금만 저리 그어
두 몸이 짝짜꿍되어
천생연분 맺고 있네

짓궂은 황사

머나먼 길 마다 않고 다리품을 저리 팔며
곰살궂지 아니하게 그 무슨 심술인가
꽃잎은 얼굴 내밀다
모진 인심 탓을 하네

멧새들도 갈팡질팡 엉겁결에 숨이 막혀
하늘만 쳐다보며 숨바꼭질하는 건지
말 없이 냉가슴 앓듯
짧은 혀도 굳혀 버려

단숨에 이 골 저 골 활개 치는 황사 바람
마구 구는 망나니짓 본성이 사납구나
저들만 풍악 울리며
사막 풍경 깔아놓네

꽃진 자린 시의 낙원

봄이 오면 꽃봉오리
방실방실 입 벌리듯
목련은 한 수 더 떠 함박눈 쏟아붓듯
저 광경 핏줄에 얽혀 시가 되어 창도 읊네

목마른 시어들은
시인 눈길 기다리고
오나가나 온몸 달궈 갖은 묘기 부려대네
품 안에 고이 안길 날 학수고대 기다리며

궤도를 잃은 글귀
곤두박질 치다가도
꽃 진 자리 열매 맺듯 시의 낙원 되찾는 날
춤사위 엮어가면서 무진 글발 부려놓네

괴팍한 미세먼지

자고 나면 난데없이 괴팍한 미세먼지
달갑지도 않은 손님 어느 뉘들 반기겠나?
온종일
숨이 막히어
걷잡지를 못하는걸

사방천지 깔고 앉아 왕고집만 피워대나
정체도 엉큼하게 못 된 기승부릴 때는
바람도
기가 막히어
꼼짝달싹 못 하는 듯

봄이 되면 꽃나무들 웃음보가 터지련만
원치 않는 불청객이 훼방만 늘어놓아
볼수록
심히 안타까워
울화통이 터지겠네

내로라하는 벚꽃이여!

봄바람 춤사위에 온갖 꽃들 뛰쳐나와
저마다 품은 자랑 꽃샘깨나 부리건만
유난히
환한 낯빛 달궈
활짝 웃는 벚꽃이여!

타고난 천성대로 화심도 맑고 맑네
호화판 벌려놓고 세상 눈길 몽땅 끌어
상춘객
혼쭐 달구치는
아리따운 벚꽃이여!

날빛 달빛 고이 받아 몸맵시만 다듬었나?
황홀한 눈부심에 나는 새도 멈칫하네
밤하늘
내로라하는
만세 빛날 벚꽃이요!

상현달과 하현달

상현달로 태어난 몸
날마다 몸피 불려
만월로 행세하다 하현달로 고개 숙여
저 행세 수수께끼 같아
물음표만 연신 찍네

잘 먹으면 살이 찌고
못 먹으면 마른다는
이 한세상 사는 비밀 뼈저리게 느껴보네
첫 인생 끄트머리 인생
아리송한 비밀 같아.

맥 빠진 하현달은
은하수를 마셔대도
헛헛함을 참지 못해 허둥지둥 헤매는 듯
끝내는 서산마루 넘어
슬그머니 숨고 마네

촛불

내 몸에 불살라도 웃으면서 반겨대고
심장이 타는데도 아량만 베푸는가

복 받을
천성이구나
어느 뉘가 견수겠나

사위면 사윌수록 너그러운 저 마음씨
생명물 마다치 않고 용틀임도 아예 없어

기어이
나를 희생해
본보기로 살아가네.

하르방은 친구 같아

몸매도 부들부들 마음씨도 착해 보여
세월이 쪼개진 들 저 신념 변할쏜가
품은 정
체온도 따사로워
뼈마디에 사무치네.

시선이 마주칠수록 온기가 절로 솟아
얼음이 슬슬 녹듯 신비경에 솔솔 빠져
저 은덕
하늘보다 높아
악한 심정 녹여대네.

지나면 지날수록 꿈속에도 아른대고
평화로운 삶을 엮어 인생 앞길 열어 주어
긴 세월
억겁을 지새워도
항상 곁에 두고 싶다.

깨밭을 가꾸면서

힘에 겨운 일이지만 웃음 함빡 돋아나고
흥건히 마시는 바람 피와 살이 되는가 보다
뼛속엔 붉은 시 한 수가 장단치며 흐르는 듯

숲속을 굴러 나와 살살대는 한 줌 바람
땀빙울로 꿀물인 양 살갗을 핥아 댄다
이따금 일하는 보람 깨알 쏟듯 즐겁고

산모롱이 싸리꽃은 콧노래 부추기고
옹달샘 한 모금이 고향 인심 풍겨댄다
신선이 따로 있는가 이를 두고 한 말이지

버겁던 생의 짐은 밭이랑에 묻어 두고
도심의 메아리도 허공 속에 풀어논다
이 한 몸 깃털과 같아 나는 새도 부럽잖네.

제4부 풀섶에 이는 바람

폭염

때는 흘러 삼복더위 한복판에 서서 본다
온 사방 불가마 속 땀방울이 줄줄 흘러
몸뚱인 열탕에 온 듯
푹푹 찌는 삶이로세

구름노 참다못해 삼십육계 도망쳤나
옥색 같은 저 하늘엔 햇덩이만 싱글벙글
행복한 계절이라고
풍류시를 읊는 듯

이 한낮 예서제서 괴망스런 저 아우성
망측하기 그지없어 어리둥절 헤매던 차
폭염은 연중행사라고
그늘에서 푹 쉬라네

번갯불

성질도 급하구나,
눈 깜짝할 사이도 없이
동에 번쩍 서에 번쩍 낮달이 놀라겠다
점잖은 고목나무도
호들갑을 떨고 마네

화마저 치미는가
요란한 천둥소리에
꽃잎마저 떨어지고 나뭇잎도 설설 기어
구름도 참다 못 참아
눈물방울 흘려대네

바람은 바람끼리
찰떡같이 엉겨 붙어
쌓인 속내 풀고 마나 제멋대로 마구 구네
한 찰나 번갯불 놀음에
지렁이도 꿈틀대겠네

늙은 느티나무의 위엄

골백살 들었어도 뼈대는 강철 같아
감기는 안 앓겠다 핏줄마저 팔팔 뛰어
수백 년 가위눌림도 슬기롭게 품고 품어

모진 풍파 물리치고 지신 밟는 억센 뿌리
우람찬 저 몸뚱어리 철통같이 떠받지어
당당한 만년 터인 걸 바위인들 당할쏜가

눈여겨보면 볼수록 믿음직한 저 모습에
이내 몸 열이 튀어 천군만마 힘이 솟네
아 여기, 그 복이 솟아 위엄 한껏 부려본다

강가의 돌

한평생 물만 먹고 몸매 달군 영물인가
만나면 만날수록 웃음으로 반겨대네
저 살갗
햇살에 담겨
세상 눈길 사로잡고

주름살도 안 보이게 샛말갛게 화장했나
구슬 같은 반점 하나 보석 반지 끼워놓은 듯
멋쟁이
세련된 멋쟁이
주저앉고 말겠구나

티 없는 환한 이마 오색 꽃이 피었는 듯
만지면 만질수록 깊은 정이 스며들어
살가운
저 도량에 취해
천생연분 맺고 싶어

강인한 쇠비름

한 가물에 뽑아 놔도 비웃기만 하는 건가
낮에는 죽은 시늉, 밤만 되면 싱글벙글
저 잔꾀 누가 당하랴
속절없이 속는 것을

강인한 굳센 의지 명줄 잇는 보약인가
시들시들 앓다가도 비만 오면 파릇파릇
이승을 잊지 못해서
삶의 의지 펴는 걸까

세상만사 어찌 보면 마음먹기 나름일까
생사고락 넘나들며 만고풍상 겪으면서
쇠비름, 이름은 천박해도
배울 점은 많구나.

매미의 태평세월

세상 풍속 등 돌리고 내 멋대로 사는 건가
노동자는 진땀 흘려 어리벙벙 두리번거려도
신선한 그늘만 타고
목청 자랑 늘어놓네

내가 나를 믿어가며 비상 꿈만 꾸었는가
바람결에 시달리고 멧새들이 훼방 놔도
속 타는 온갖 근심쯤
허공 속에 날려 보내

시시때때 쏟아지는 햇살도 비껴가며
휘청대는 촉각 세워 빈 하늘도 뚫을 듯이
험악한 난세 속에서도
태평가만 불러댄다.

하얀 돌 한 개

온몸이 저리 희거늘
속 맘이야 더 희겠지
맑은 샘물 마셔대며 밝은 빛만 쬐었는가
억겁을
지새웠어도
변함없는 저 지조여!

산새가 지절대도
벌 나비가 춤을 춰도
세상 물정 등 돌리고 수양 기도 했나 보다
저 참뜻
깊고도 깊어
속으로만 웃고 있다.

매미의 은유 작전

그리운 임 잊지 못해 남의 눈치 살피느라
으슥한 곳 옮겨가며 고운 목청 높이는가

별의별 가락을 풀다
때로는 시침 떼며

한바탕 울어대도 꼬인 매듭 풀지 못해
옹고집 세워가며, 능청도 떨어가며

단 일 초 쉬지도 않고
으뜸가는 작전일세

결심도 대단하다 뉘가 감히 당할쏘냐
회리바람 몰아친들 눈도 깜짝 아니하고

은은한 매미의 은유
끈질기기 그지없네

심술궂은 소낙비

수많은 사연들이 죽 늘어선 길거리에
예의도 체면도 없이 물벼락을 퍼붓다니
영혼도 삼키려는가
하늘 뜻이 아닐 텐데

심성 차한 시냇물은 내 맘만 믿고 살다
못된 심술 막지 못해 만신창이 신세 되어
얼굴도 들 수 없는지
중구난방 가관이네

타고난 천성대로 선하게 살려 해도
하도나 어수선해 갈팡질팡 헤매겠네
그 누굴 원망하겠나
시 한 수로 달래 본다.

하루살이의 짧은 생

겨우 하루 산다는 것 아는지 모르는지
날갯짓 활개 치며 공중묘기 부리면서
저승길
눈앞인데도
나 몰라라 춤만 추네

잠시도 쉴 새 없이 이 한세상 사로잡고
눈초리 추켜든 채 백 년 앞길 가늠 보나
짧은 생,
눈코 뜰 새 없이
동분서주 날고뛴다

정든 고향 잊지 못해 핏줄마저 달궈가며
시곗바늘 돌고 돌 듯 떠날 줄도 모르는가
오늘도
해지는 줄 모르고
신명풀이 한창일세

홀대받는 야생화

이름도 야생화라 천더기로 사는 건가
한평생 쓴물 단물 무람없이 마셔대다
북받쳐
치미는 설움쯤
남모르게 녹이는 듯

뙤약볕에 그을리고, 된 바람에 시달려도
당연히 그러려니 운명으로 받아들여
살그미,
눈치껏 아량껏
하늘 뜻만 우러르나

흙먼지 뒤집어쓴들 빗방울로 목욕하고
들숨날숨 숨 고르며 꽃 한 송이 피울 때면
온몸에
생기가 돌아
보란 듯이 활기 펴네

양귀비꽃

타고난 미인인가 아름다운 몸맵시여!
야릇한 향기 뿜어 이 한세상 사로잡고
길손들,
손목 당기며
사랑가로 꾀이는 듯

뙤약볕쯤 달게 받아 핏줄로 달궈내고
꽃바람 들이키며 구곡간장 녹이는가
한 계절,
흩어진 인심
송두리째 끌고 당겨

살갗도 형형색색 빼닮은 천하 미인
이름조차 양귀비라 금은보화 휘두른 듯
저 매력,
하도나 높아
천추 한을 풀고 있네

별똥별의 장난질

이 야한 오밤중에 웬 소동 피우는가
내 참뜻 펴지 못해 안달복달 몸 달구나

단 한숨 쉴 새도 없이
번개같이 온몸 숨겨

성질머리 급하구나. 쇠꼬리 뻗치듯이
제멋대로 놀아나다 허방다리 짚었는가

점잖게 쉬다 가련만
장난치곤 너무해

길 잃은 나그네가 조롱깨나 당하는 듯
빈털터리 서러운 몸 허둥지둥 바둥거리다

하도나 기가 막혀서
분통 깨나 터지겠다.

엄한 엄나무

본성이 사나운가 몽니 저리 부려대고
매서운 눈초리에 얼씬도 못 하겠네
인정도,
사정도 없이
옹고집만 부리는 듯

새순이 돋아나면 제 핏줄만 감싸 돌고
손끝만 부딪쳐도 냉정하게 콕콕 찔러
으르렁.
으르렁대며
굽힐 줄을 모르네

송곳 같은 가시 이빨 날카롭기 그지없어
새들조차 날아들다 줄행랑치고 말아
볼수록
엄나무답게
엄하고도 엄하구나.

상사화

무슨 인연 가로막혀 등 돌리고 사는 걸까
한 솥 밥 먹고서도 말 못 하는 눈치 보며

한평생
방정식 풀 듯
정답 찾다 나날 보내

한 살붙이 맞대고도 꽃과 잎은 동서남북
눈초리 달리한 채 백 년 앞길 가늠하나

갈 길이
서로 달라서
발만 동동 구르는 듯

꽃은 져도 즐겁다네

호사 떨던 꽃잎들이 눈 날리듯 떨어지네
정든 집 미련 없이 앞만 보고 달리는 듯

온몸엔 신바람 들어
날개춤을 추면서

갖은 공력 되새기며 맴놀이를 하는 건가
쌓고 쌓은 지난 생애 씨 뿌리듯 뿌려놓고

한생애 바라고 바라던
알찬 결실 꿈에 실려

한때는 이심전심 서로서로 나누면서
벌 나비 불러들여 호황 한껏 누린 보람

그 공덕 만복을 받아
열매 맺고 떠난다네

저 햇살, 묘한 한 수

새벽하늘 휘어잡던 솜털 같은 안개 무리
온 산천 감싸 돌며 무진 세력 떨쳤건만
저 햇살
엄포를 놓자
슬금슬금 몸 낮추고

나뭇잎 꽃잎마다 옥좌 틀고 맺힌 이슬
백옥 같은 은구슬도 세상 눈길 끌던 찰나
저 햇살
찜새에 빠져
깜냥대로 데굴데굴

안개나 이슬이나 온갖 자랑 늘어놓다
타고난 숙명인가 본전도 못 챙긴 채
저 햇살
묘한 한 수에
줄행랑을 치고 마네

옹달샘

허기진 자에게는 밥 한술이 최고이듯
목마른 자에게는 물 한 컵이 최고잖나

하늘이 내려준 축복
옹달샘을 맞이했네

뒤범벅 땀방울이 시새우듯 밀고 당겨
비지땀을 이뤄놓고 허둥지둥 헤매던 터

불시에 보약보다 귀한
물 한 모금 마셔보네

오복이 터졌는가? 입맞춤에 정이 들고
얼떨결에 흥이 솟아 콧노래가 절로 터져

한 찰나 오장 육부가
리듬 박자 치고 마네

백로白鷺 무리

흰 색깔 눈부시게 핏줄 자랑 늘어놓고
언제나 떼거리로 청렴결백 부르짖나?
한평생
거짓도 없이
세상 눈길 끌고 가네

산기슭 소나무는 날 때부터 친구인가
온갖 고난 겪어대도 헤어질 줄 몰라 하네
저 뚝심
대쪽과 같아
어느 뉘도 못 말려

예제나 외곬으로 밀어대는 일편단심
저들끼리 속삭이는 천지 별곡 읊어대나
하늘도
감동에 감동
맞장구를 치고 있네

반가운 소나기

가뭄철 목이 말라 애태우던 들꽃들도
졸졸대는 냇물에서 허덕이던 피라미도
소나기,
한줄기 퍼붓자
생기 저리 치솟는 듯

무지각한 지렁이도 내 몸 살라 꿈틀대고
우듬지 이파리도 이제야 살판났다고
푹 찌던
가슴앓이쯤
몽땅 풀고 마는 듯

온갖 만물 생기 돌아 힘찬 핏줄 펄떡이며
물 없이는 못 산다고 아우성 아우성치다
저 하늘
높이 받들면서
감사 기도 드리는 듯

단비도 도를 넘으면

인정머리 하나 없이 목메던 긴긴 가뭄
핏줄이 말라붙듯 꽃대궁도 비비 꼬여
온천지,
생기를 잃고
입도 벙긋 못했었지

한순간 기쁜 소식 장맛비가 온다기에
멜로디가 절로 솟고, 엉덩춤이 절로 솟아
오선지
악보도 없이
마구발방 뛰어 봤지

굶던 배 움켜쥐고 큰 꿈을 꾸었건만
벼락 치듯 퍼붓잖나? 빗줄기 망나니로
단비도
도를 넘으면
무례함을 깨달았네

소낙비 전주곡

성질도 급하구나 달음박질 선수던가
저 산 너머 골짝에선 토끼도 꼬리치겠다

한 찰나 먹구름 타고 와
온 만물이 눈을 뜨네

폭염 속 가뭄 끝에 목마르던 떡갈나무
얼떨결 너무 좋아 팔랑팔랑 춤추겠다

저 숨결 상상만 해도
만병통치약이 되네

꽃봉오리 입을 열다 은근살짝 반겨대고
벌 나비는 웅그린 채 꽃 필 날 기다리겠지

신비한 소낙비의 전주곡
리듬 박자 척척 맞네

소나기 성깔머리

점잖은 신사 숙녀 지레 겁을 주는 건가
모처럼 유행 따라 나들잇길 한창인데
물벼락,
날벼락 치며
엄포깨나 놓고 있네

미꾸라지 꼬리 치듯 용틀임질 치는 건가
눈코도 뜰 새 없이 마구발방 지지 볶아
불현듯
아찔아찔해
허둥지둥 헤매겠네

괴상한 심술쟁이 도깨비 놀음 같아
앞뒤조차 분간 못 해 정신까지 어리벙벙
소나기
성깔머리에
소름기가 툭툭 솟네

풀섶에 이는 바람

만물의 길잡이여!
오방잡색 풀어놓고
순결을 지키면서 귀한 생명 보살피나?
온 들판 끌어안은 채
깊은 사랑 펴고 있다

고결한 심성이여!
무한 앞길 틔워놓네
갸륵한 몸짓 속엔 톡톡 튀는 열정일 뿐
저 애정 베푸노라면
쉴 사이도 전혀 없어

희망의 상징이여!
잎눈 꽃눈 고루 피워
대대로 이어 나갈 알찬 열매 맺혀 놓고
온몸에 불이 나도록
새론 세상 열어놓네

나팔꽃 짝사랑

얼마나 그리우면 담벼락을 기어오를까
짝사랑에 못이 박혀 밤새껏 꿈만 꾸다

날 새자 방긋 웃으며
눈빛 저리 쏟는 듯

헛방 치며 날뛰다가 남이 알까 두려웠나
햇살에 주눅 들어 기를 꺾고 마는 것을

애석타, 밝은 세상엔
꼼짝달싹 못 하고

울렁이는 가슴 죄며 해 질 녘만 기다렸다
오는 임 망만 보다 놀 빛에 심장 달궈

꽃잎에 새겨진 사연
목 타도록 풀어놓네

박꽃 사랑

아래위로 훑어봐도 박 넝쿨에 맺힌 꽃송이
향기도 순하디순해 남이 챌까 맘 졸이네
탐스런 저 가슴속엔 무슨 사연 품었을까

한없는 참사랑에 곧은 절개 간직한 채
고운 남 맞이하려 윤기 저리 뿜는 걸까
길손이 탐낼까 보아 병마 한 쌍 챙겨보리

박꽃도 꽃이냐고 세상 사람 비웃지만
순수한 곧은 심성 남다르게 몸에 감겨
저 빛깔 보물과 같아 눈높이를 맞추네

장미꽃 사랑

곱디고운 몸 맨드리 세상 사람 탐을 낸다
붉은 정열 쏟아부어 가던 길도 멈칫하고

꽃송이 한 수 더 높여
웃음보만 터져대네

목울대 추켜들고 짝사랑을 하는 건가
어느 뉘가 지나가도 곁눈질로 반기면서

거짓도 숨김도 없이
품은 속내 몽땅 푸네

나비도 향에 취해 날개춤 덩실덩실
꽃가지 흔들면서 꽃잎 하나 훔치려다

사랑에 목이 마른지
애걸복걸 헤매는 듯

맨드라미 벼슬 자랑

대문 앞 화단 한편 대궐터라 으쓱대며
실바람 몸에 감고 목의 힘줄 가누는가

저 몸짓 하도 의젓해
세상 사람 눈길 끌어

솟구치는 붉은 핏줄 햇살에 저리 달궈
왕관을 눌러쓰고 위엄 한껏 떠는 건가

천하를 호령하면서
벼슬 자랑 늘어놓네

강변 개망초

이름도 개망초라 나는 새도 등 돌리네
강바람에 죽비 맞고 햇살 한 줌 마셔대며
비천한
신분일망정
기세 당당 솟구친다

노천도 명당인 양 소낙비쯤 달게 받고
가부좌를 틀고 앉아 하늘 향해 기도한다.
지극히
정성을 다해
억겁 도량 닦는 듯

청산은 말이 없고 강물은 흘러가고
핏줄이 시려빠진들 묵묵부답 말이 없네
저 참뜻
본보기여라
닫힌 문도 확 열린다

향나무

성형 수술 하면 할수록 예뻐지는 저 향나무
새살이 새로 돋아 화장한 듯 화사하네
품은 정 모두 쏟아내
자존심도 강해지고

살점이 떨어진 들 곧은 의지 꺾일쏜가
칼바람 후려치고 소낙비가 내리쳐도
햇살에 온몸 달구어
향기 가득 품어대고

가위질 쉿소리에 싱글벙글 웃어대고
눈길 손길 닿을수록 푸른 핏줄 활활 일궈
기어이 하늘 문 열고
백 년 앞길 열고 마나

꽃구름은 화가인가

넓은 하늘 펼쳐놓고 신통한 붓끝 놀려
산봉우리 벗을 삼아 멋진 그림 그려놓네
화가의 후예인가 보다
손재주가 영롱하다

훌훌 뿜는 물감 빛을 햇살에 달구고 달궈
아로새긴 총천연색 대가를 뺨치는 듯
저 솜씨 이름만큼이나
기억 속에 간직하리

눈여겨 쳐다볼수록 시 한 수 절로 솟아
어느새 세상 사람 박수갈채 일품일세
한 계절 꿈속에 어려
삼라만상 안아본다

폭포

고집이 센 것인가
용기가 대단한가
천야만야 낭떠러지 단숨에 내리뛰네
다람쥐 제풀에 놀라
꼬리 저리 치는구나

우레 같은 박수 소리
온 골짜기 단잠 깨워
하늘 문 열어놓고 물세례를 퍼붓는 듯
산까지 한 수 더 높여
날개춤을 추는구나.

언덕배기 늙은 소나무
바람 타고 신이 난 듯
힘찬 붓을 놀려대며 산수화를 그리는가
휘모리 장단에 맞춰
멋진 화폭 내 걸었네

바닷바람

훨훨 나는 바닷바람
뱃심도 대단하다
수평선 저 멀리서 밤낮없이 헤맸건만
오늘도 삼복더위 속
인심 한껏 베푼다오

만나면 만날수록
어찌 그리 친절한가
그 많은 사람들의 땀방울도 씻어주고
한없는 선심만 베풀어
향내 흠뻑 마시는 듯

파도가 철썩이면
갈매기는 춤을 추고
모래알도 데굴데굴 아양을 부리는가
이 귀한 황금 같은 시간
천군만마 힘이 솟네

연꽃 연정

바람의 온갖 향기 온몸으로 끌어안고
꽃송이 유난히도 인정 한껏 베푸는가
겨우내
애태우던 임
이젠 그만 잊으라네

물결 타고 살면서도 시원스레 웃어대나
고운 향기 품에 안고 아량 펴는 눈짓 손짓
저 몸매
곱고도 고와
햇살조차 반해 버려

뭇 중생 고통쯤은 씻은 듯이 물리치고
사랑 담긴 엽서 한 장 둔한 인생 깨우치나
대담한
연꽃의 연정
감탄사만 연신 솟네

바람과 비의 인연

먹구름이 닥쳐오면 비바람은 좋다 하고
길라잡이 앞장서서 사방팔방 훨훨 날아
온 산천
휘휘 돌면서
비 소식을 전해줘요

메마른 가뭄 끝에 장대비가 쏟아질 땐
왜 그리 반갑던가 웃음보가 절로 터져
천하가
내 것이 인양
신바람이 솟아나요

매캐한 먼지들도 상큼하게 씻어버려
핏줄에 엉킨 한을 시원스레 풀어주어
바람과
비의 인연은
깊은 정만 뿜어줘요

바람꽃 찬가

이 한세상 울려대나 천둥소리 울리면서
야릇한 멜로디에 리듬 박자 고이 맞춰
신나는 춤바람 난 듯
동에 번쩍 서에 번쩍

천연색 탐을 낸 듯 그림자도 하나 없이
왕가뭄 빗줄기에 멋에 실려 놀아나나?
한 찰나 사진 한 판 찍듯
호화판을 벌이네

시원하고 상큼하게 거짓일랑 아예 없어
기쁘고 즐거워서 웃음보만 터지겠네
바람꽃 맞이할수록
이다지도 좋을쏜가?

매미들의 숲속 아리랑

시원한 숲속에서 리듬 박자 척척 맞춰
그칠 줄 몰라 하고 온종일 놀아나네

아리랑, 화음 뿜는 아리랑
지상 천국 낙원이여!

실바람 나부끼어 나뭇잎도 춤을 추고
신풀이로 한을 풀어 평화 탑을 쌓고 쌓네

아리랑, 곱고 고운 아리랑
성스러운 품성이여!

맴맴맴 울음소리 온 산천 뒤흔들고
그늘 아래 상쾌함이 이내 가슴 파고드네

아리랑, 가락 푸는 아리랑
시를 읊는 기분이여!

여름밤의 몽상

늘어진 가로수는 맥이 빠져 꼼짝 못 해
푹푹 찌는 삼복더위 꿈속에서 허둥지둥
야박한
한낮의 모습
처량하기 바이없네

한종일 내리쬐던 붉은 햇살 사라져도
길가의 가로등은 신나게 반짝여도
뇌리에
사무치는 한
아뜩아뜩 어지럽네

영혼도 열대야로 갈팡질팡 잠 못 이뤄
빛바랜 나이테로 설렘 속에 꼼짝 못 해
야리한
여름밤의 몽상
잠꼬대만 치다 마네

바람은 예술가인가

사시사철 이색 물감
운치 나게 풀어대며
언제나 어디서나 마구 치는 저 붓놀림
한 치의 오차도 없는
신비함에 놀라겠다

끈질긴 옹고집도
타고난 본능일까
밤낮도 안 가리고 예술혼 되살리네
산수화 저 멋진 산수화
온 천하를 주름잡아

신풀이로 한 수 더 떠
콧노래를 부르는가
윙윙윙 리듬 가락 나그네 발목 잡고
저 솜씨 감상하라며
병풍 줄줄 내다 거네

제5부 가을 햇살

가을 휘파람 소리

뻐꾹새 울음소리 나뭇잎도 알아듣나
바람결에 팔랑팔랑 음률 따라 덩실대고

한가을 휘파람 소리
꽃구름도 움찔하네

단풍이 형형색색 몸매 자랑 늘어놓나
낮달 홀로 헤매는 길 은근살짝 꾀이는 듯

한가을 휘파람 소리
타오르는 불길 같네

가냘픈 실구름도 흥에 겨워 놀아나나
선들바람 등에 업혀 어디든지 마다 않고

한가을 휘파람 소리
온 세상을 휘어잡네

가을 정취

갈 햇살 등에 지고 넓은 들판 걷노라면
바람은 반갑다며 아량깨나 베푸는가

푹 찌던 삼복더위쯤
씻은 듯이 버리라며

온 산천 형형색색 옷 자랑만 늘어놓고
타고난 온갖 맵시 만천하에 드러내나

저 풍광 향수에 젖어
웃음보가 절로 터져

화사한 노을빛이 잘 가라 인사할 때
정겨운 들꽃 송이 간데족족 뛰쳐나와

두 발목 끌어당기어
어찌할 바 모르겠네.

낙엽길 산책

초록 향내 자랑 떨던 알찬 시절 다 보냈나
악연을 막지 못해 외톨이 신세 됐나
억지도 못 부려보고
묵묵부답 말이 없네

낙엽을 밟는 긴지 폐물을 밟는 건지
시려오는 가슴살에 발걸음은 천근만근
저 곱던 단풍철 되뇌며
허무감만 느껴진다

앞 뒷산 훑어봐도 넋을 잃은 벌거숭이
목이 멘 산새들만 옛정을 못 잊는 듯
한 생애 흐르는 길목에서
시절가時節歌가 절로 솟네

낙엽 몽상

새파란 핏줄 달궈 팔랑대던 나뭇잎들
오순도순 정에 겨워 온갖 풍류 즐겼건만

하늘 뜻 고이 받들어
사심 없이 떠나가나

목마른 가뭄에도 메마른 땅 딛고 서서
힘찬 맥박 퉁겨대며 호사 한껏 부렸건만

계절풍, 계절병에 놀라
황혼길로 접어드네

만나면 헤어지고 헤어지면 만난다는
어엿한 운명 앞에 만고풍상 겪었건만

새 봄날 부활 꿈에 실려
큰 뜻 품고 떠나가네

기어이 떠나는 단풍잎

무슨 한 그리 맺혀 낯 붉히며 몸 달구나
세상사 살다 보면 별의별 일 다 겪는걸
기어이 떠나려거든 꼬인 매듭 풀고 가렴

말벌에 한 방 쏘여 귀에 멍이 들었는가
멧새들이 정에 겨워 인덜복딜 울부셔노
멍청이 해살부리듯 중구난방 등 돌려

여름내 결기 펴며 극락세계 꿈만 꿨나
세월 끝에 매달리어 하직 인사 하는 건지
실바람 등에 업힌 채 인연 몽땅 끊고 가네

마지막 홍시 하나

여름내 시새우며 파란 바람 마셔대며
올망졸망 알찬 열매 인심깨나 풀어댔지
지난 일 숨은 비결은 잣대로도 잴 수 없어

귀뚜라미 울음소리 남은 홍시 감싸 돈다
달빛도 일렁이다 제풀에 녹아내려
마지막 쉼표 하나로 절명시만 읊어대고

오죽이나 정이 들면 떠날 줄도 모르겠나
고향이 그리우면 꿈속에서 아른대듯
세상은 요지경 속인가 신비 속에 살아가네.

가을 햇살

장성살이 뻗치는지 여름 땡볕 물리치고
초록 잎에 오색빛깔 내 맘대로 물들이며

까치발 성큼 내딛고
새 천국을 이뤄놓네

얄팍한 벼 이삭도 통통하게 살찌우고
금빛 가루 뿌려가며 불러대는 풍년가에

메시지, 새론 메시지
온 들판에 펼쳐놓네

가을 장미꽃

때도 지난 이 가을에 웬 수선 피우는가
옆집의 단풍 나문 비단옷 갈아입고
겨울잠
준비하느라
저리 바삐 뛰는데

곱게 곱게 발랐는가 입술엔 립스틱을
짝사랑을 잊지 못해 눈치만 살피다가
찬바람
몸에 걸치고
백 년 앞길 가늠 본다

허허벌판 딛고 서서 임이 올 때 기다리나
눈독 들여 쳐다보다 다소곳이 고개 돌려
그래도
예의는 발라
만인들의 사랑받네

값지게 사는 나무

비 내리면 비도 좋고
눈 내리면 눈도 좋고
세상만사 만점이라 핏줄 활활 달궈대네
참사랑 고이 새기며
사시사철 웃고 산다

날빛 달빛 달게 받아
하늘눈 天眼 크게 뜨다
벌거벗은 순간에도 팔 벌린 채 하늘거려
대자연 섭리 속에서
사랑 가득 품고 산다

올곧은 뚝심이여!
맑고 고운 심성이여!
땅속에 발 묻고 온몸 통통 살찌우고
새 생명 알찬 열매 맺어
대대손손 잇고 사네

꽃지는 날
- 만나자 이별인가?

청춘을 자랑 떨며
웃어 대던 너의 모습
꿈에도 사무치게
아양 그리 떨더니만
불현듯 단봇짐 싸다니 서운함이 앞장선다

마주 볼 때 반가웁고,
헤어질 때 섭섭한 건
짊어진 팔자려니
너그러이 풀려 해도
깊은 정 박찰 수 없어 곤한 잠도 설치겠네

살아 천년 죽어 천년
주목도 있지 않나?
네 운명 짧은 명줄
잡을 수는 없다지만
만나자 이별이라니 안타깝기 그지없다.

억새꽃

뻣뻣한 힘줄마다
억새 빠진 굳센 신념
햇살이 내리쬘수록 교만만 부리던 너
어느새 계절풍 타고
한잔 술에 취했는가

하얗게 바래 버린
산발 머리 풀어 젖히고
피에 맺힌 소원풀이 풀다 풀다 못 풀었나
바람이 시키는 대로
고분고분 허릴 굽혀

쑥대밭 곁에 두고
여름 내내 시새우다
들국화꽃 웃음에 홀짝 반해 넘어간 듯
군자가 별수 없구나
이리 휘청 저리 휘청

꽃도 못 피워 본 나무

어릴 땐 싱그럽고 그렇게도 상냥터니
나이가 들을수록 도리질만 하는구나
핏줄이 무엇이길래 가슴 이리 쓰린 건가

억새풀 곧추서듯 참고 참고 또 참아도
볼수록 기가 죽어 눈물조차 메마르네
인생사, 세상만사가 내 뜻대로 되랴마는

부대낀 시간만큼 하늘빛도 흐려지나
부처님 품에 안겨 대성통곡 외쳐가며
화엄경 뼛속에 삭여 밝은 새날 꿈꿔보리

천 갈래 만 갈래로 쪼일 대로 쪼인 마음
캄캄한 밤이라도 향불 피워 기도하며
꽃송이 피우기 위해 공든 탑을 쌓아보리

까치밥 몇 개

인정 푸는 과일나무 저 심성 아리송해
붉은 심장 달구면서 선혈鮮血까지 쏟아붓나
까치밥
몇 개 달아놓고
길손들의 눈길 끌며

어설픈 빈 가지에 탐스러운 열매 몇 개
햇살을 감고 돌아 눈부시게 윤이 돋네
좋은 날
그 뉘를 위해
온몸 몽땅 바칠 테지

까치도 눈독 들이다 날갯짓만 멈칫하나
체면만 차리다가 망설이고 마는 건지
군침이
돌고 돌아도
차마 손을 댈 수 없네

갈매기 춤사위

저 허공 헤쳐가며 부채질을 하는 건지
날갯짓 풀어대며 춤사위를 펼치는지
신비한
공중 쇼 부려
바람조차 비껴가네

파도쯤 훌훌 넘어 수평선 타고 노나?
일궈대는 푸른 물결 품 안에 고이 품고
온종일
날개춤추며
깊은 시름 털고 마네

물길이 고향이라 외로움도 하나 없어
한평생 정이 담긴 만년 터를 깔고 앉아
돛단배
친구로 삼아
쌓인 흥을 몽땅 푸네

이름 모를 꽃 한 송이

고 어린 게 겨우내 고생깨나 했겠구나
고아처럼 외로워도 향내만은 담뿍 품어
가냘픈 네 모습에서
과거사를 읽겠구나

끌어올린 꽃 한 송이 무명용사 후손인가
본성도 착한가보다 벌 몇 마리 놀러 오고
볼수록 대견스러워
심장까지 뜨거워라

실바람도 예서제서 남모르게 소곤소곤
빈털터리 꼬마라고 희롱하고 있는 건가
이름도 밝히지 않고
팔자대로 살겠다는데

꽃도 우는가?

산이나 들판이나 밤낮없이 싱글벙글
읊어대는 태평가에 술술술 이골이 나
오가는 손님맞이에
눈코 뜰 새 없었는데

가물면 애타도록 목젖조차 배배 꼬여
생목숨 피에 맺혀 그 얼마나 비틀댔나
모진 삶 참아가면서
원망깨나 퍼부었지

장마철 소낙비엔 날벼락을 맞은 듯이
죄인 아닌 죄인 되어 입도 방긋 못해보고
그래도 체면은 있어
속울음만 짓는다네

소쩍새 울음

말 못 할 사연 있나 그예 그리 울어대나
온종일 저 혼자서 끙끙대며 망설이다
소쩍꿍,
의지할 곳 없어
울음보를 터뜨리네

땅거미가 스며들자 앞뒤가 꽉꽉 막혀
외돌토리 서러워서 울화통이 터지는가
소쩍꿍,
애석하게도
밤하늘을 갈라놓네

한 많고 모진 삶이 그리도록 쌓았는가
가족 잃은 설움인 듯 외로움을 참지 못해
소쩍꿍,
목이 쉬도록
이 한밤을 지새우네

호랑나비, 꽃 글말

오색빛깔 널렸건만 꽃 색깔만 낚아채고
꽃말에 홀짝 반해 천생연분 맺는 건가
영원한
글말을 달궈
영혼시靈魂詩를 쟁여 넣네

예제서 눈 밝히며, 공중묘기 부려가며
너나없이 흥에 겨워 나풀나풀 춤을 추나
아롱진
저 춤사위에는
갖은 글발 솟구친다

호랑나비 떼로 몰려 음량 가눈 시 낭송에
꽃들도 싱글벙글 품은 향내 풍겨대나
한 찰나
멋진 시 한 수
꽃잎마다 새겨 놓네

귀뚜라미 연가

여름 내내 점잔 떨다 때는 왔다 얼싸 좋아
흥취가 솔솔 솟아 계절 맛에 취했는가

긴 목청 가다듬으며
맺힌 여한 풀고 풀어

휘황한 달빛 따라 바람결 둥둥 타고
유랑길 떠나는가? 갖은 음보 새겨가며

은은한 음률만 달궈
무진 글발 엮고 엮어

저 하늘에 별이 총총 긴긴밤 새우건만
어둔 숲속 헤쳐 나와 신천지 이루려나

한가락 연가에 실려
영생불멸 빌고 빌어

들국화 집념!

바람에 시달려도 어디든지 좋아하네
화사한 멋진 화포 오달지게 깔고 앉아
옹골찬 용꿈에 실려
향내 한껏 뿜는 듯

똘똘 뭉친 꽃송이들 어찌어찌 다정한가
곱디고운 몸맵시로 온 천하를 부여잡고
신풀이 바람과 함께
깊은 애정 펼치는 듯

단 한 번 침묵 속에 귀한 시간 놓칠세라
어디든지 좋다 하고 깊은 얼만 되새기나
태곳적 미련에 사무쳐
만년 탑을 쌓는 듯

바람난 바람

온 산천 넘나들며 천방지축 놀아나다
체면 하나 살리느라 점잔까지 피우는가
허욕을 부리는 건지
엉큼하기 그지없어

꽃술에 숨어들어 향내 한껏 마셔대다
강물에 뛰어들어 물새들 날개 잡다
한순간 맘이 변했나?
감쪽같이 숨고 말아

윙윙윙 가락춤에 방탕 생활 몸에 밴 듯
어딜 가나 헹가래질 제멋대로 펼쳐대다
기어이 바람둥이로
별별 수단 다 부리네

거미의 전술

사방팔방 비상망을 빈틈없이 깔아놓고
항공법규 어긴 자는 영락없이 낚아채어

죽도록
시생 결단을
끝장내고 마는구나.

날파리 잠자리는 심리전에 말려들어
감쪽같이 쳐논 그물 대낮에도 분간 못 해

그토록
귀중한 목숨
거미 밥이 되는구나.

귀신같은 하늘다람쥐

나뭇가지 휘어잡고 입만 방긋 눈만 방긋
쥐도 새도 모르도록 진탕만탕 마구 구네
도도함,
당당도 하다
저 빼어난 몸짓이여

날개도 없으면서 이 나무 저 나무로
시공을 훨훨 넘어 갖은 재주 부려대네
신비한
공중묘기에
햇살조차 주춤주춤

오달진 이 한세상 일궈가는 새 메시지
넘쳐나는 지혜 달궈 무한 세계 꿈꾸는 듯
저 멋진
하늘다람쥐
귀신같이 놀아나네

서해의 해넘이

짧은 하루 뒤돌아보며 다소곳이 몸 낮추네
잡다한 세상만사
아쉬움만 남겨둔 채

한시름
놀 물에 헹궈
미련 없이 풀고 있다

온종일 자맥질하던 초록 바다 저편에는
은빛 꿈이 파닥이겠지
삼화음을 울리면서

저 속내
깊고도 깊어
헤아리지 못하겠네.

인정 푸는 솜털 구름

찬 소름이 돋을 때면 저 하늘을 쳐다보라
인정 많은 솜털 구름 나를 반겨 감싸주고
햇살을 비껴가면서 있는 정성 쏟아붓네

있는 사랑 몽땅 풀어 연약한 자 돌봐준다
언제나 떨고 있는 사시나무 끌어안고
따스한 온기를 쏟아 보금자리 보듬어 줘

이산 저산 어우러져 메아리를 소리칠 땐
마라톤 선수처럼 달리고 또 달리어
돌같이 조이는 심장 부드럽게 풀어준다.

산 숲속 정경

첩첩산중 숲속에서 햇살도 비껴가고
산새 소리 화음 되어 이 한 몸 감싸주네
다람쥐 힐끔거리며
꼬리치며 놀리는데

내 심정 외로운 걸 나무는 아는가 보다
도토리 솔방울을 데굴데굴 굴려주며
한사코 쉬어가라고
두 발목을 꽉 잡는 듯

고요한 이 산중엔 이름 모를 꽃도 많아
구름도 떠받들고 하늘까지 떠받들고
야릇한 향내 뿜으며
자주 오라 떼를 쓰네.

구름 일 듯, 바람 일 듯

온 세상이 무지갯빛 구름 일 듯 바람 일 듯
무상한 광음 속에 지난날이 가뭇하네
끝내는 수수께끼 같아 물음표만 연신 찍고

저 하늘 쳐다보면 실오라기 걸쳐 논 듯
희미한 솜털같이 낮달밑이 기웃대다
무슨 말 뱉을까 말까 망설이다 몸 숨기고

말 못 한 사연들로 눈매 촉촉 적셔 논 채
금싸라기 같던 날도 꿈속에다 묻고 마나
구름도 바람결 타고 산봉우리 살짝 넘네.

물억새꽃

성깔이 억새 빠져 이름조차 억새인가
뽑아 올린 꽃대들이 바람 타고 휘날려도
한 줌의 향기도 없어
벌 나비는 등 돌리네

신들린 무녀처럼 흰 비단 둘러쓰고
온종일 춤사위로 신명풀이 한판 벌여
햇살도 내려앉다가
멈칫멈칫하는 듯

굳센 힘줄 곧추세워 떼거리로 똘똘 뭉쳐
넓은 강변 깔고 앉아 천년 앞길 점치는가
물새도 날개춤추며
떠날 줄을 몰라 하네

갈바람 몽니

시원스런 여름 바람 아련하게 비운 자리
점잖던 저 나무들 눈치 살살 살피는가
갈바람,
억지 투쟁에
설설 기고 마는 듯

꽃다운 단풍잎도 맵시 자랑 늘어놓다
노을 진 하늘길에 앞뒤조차 못 가린 채
갈바람,
사나운 심술에
꼼짝달싹 못 하는가

오솔길 산국화는 맥을 못 춰 몸 낮추고
온갖 나무 겁에 질려 비단옷도 팽개치나
갈바람,
몽니에 쫓겨
정처 없이 떠나가네.

춤만 추는 바닷바람

바다와 하늘 사이 넓고 넓은 무대에서
얼씨구 얼씨구나 빛살 타고 흥을 풀다
모두 다 한마음 한통속
뗄 수 없는 찰떡궁합

너울성 파도쯤은 사랑으로 다독거려
수평선 훌훌 넘어 만년행락萬年行樂 누린다네
영원한 자비심 풀어
맺고 마는 천생연분

타고 난 천성대로 사시사철 깜냥대로
해가 뜨나 달이 뜨나 밀물 썰물 타고 놀아
춤추는 저 바닷바람
숨은 재주 맘껏 펴네

비단벌레

비단옷 걸쳐 입고 하늘 뜻만 섬기는가
영롱한 빛깔에다 몸맵시로 아롱다롱
아무리 눈여겨봐도 왕비 같은 귀족이여!

품어대는 저 맵시도 황홀하기 그지없어
천만년 지나간들 별들이 뜨고 진들
저 품성 천연빛 같아 변치 않을 지조여!

꽃송이 피워대듯 젖가슴 열어 놓고
미궁迷宮에 헤매어도 만고풍상 삭히는 듯
미약한 우리 인생들 본받을 점 하도 많네.

노을길

노을꽃 핀 자리엔 어둠이 닥쳐와도
내일을 약속한 듯 희망 샘이 북받치어
물새는 날갯짓 치며
너무 좋아 덩실덩실

시원스런 강바람에 머리카락 휘날려도
황혼 길 환히 밝혀 천군만마 힘이 솟네
내일의 더 큰 포부만
가슴 속에 품어 보오

눈시울이 붉혀져도 그리움만 사무치어
깃발이 펄럭이듯 시 한 구절 감고 돌아
오늘도 값진 하루를
음률 풀어 엮어 보네

가을비 내리는 날

계절의 뱃머리를 재빨리도 돌려대네
푹푹 찌던 삼복더위 엊그제 같건마는
선비의 옷깃 같던 꽃
어리둥절 하는 듯

대지의 빛살들이 삼쏙같이 숨어 버려
청 푸른 나뭇잎은 허전함만 느끼는 듯
앙가슴 웅크리면서
눈물 뚝뚝 흘린다네

멋 부리는 빗방울은 데굴데굴 굴려대며
사방천지 어딜 가나 바다 향해 달린다고
먼 앞날 용꿈에 실려
가을 시만 읊는 듯

추억은 아름다워

지난 일 돌아보면 파랑새가 날개 치듯
꿈인 듯 생시인 듯 맥박 속에 톡톡 튀네
허기진 가슴 꼬드겨
천군만마 힘이 솟고

외로워 뒤척이던 일 저 창공에 풀어버려
넓은 바다 껴안고 파도 타는 기분이다.
꿈같이 녹이고 녹여
새론 삶을 엮어본다

추억은 복주머니 이글대는 불꽃 같아
창밖을 내다볼수록 무한대로 가슴 열려
톡 튀는 베스트셀러
아름답기 바이없네.

어느 식당
- 돈방석에 앉아

돈방석 깔고 앉아 안 먹어도 배부르다
식탁 위엔 갖은 반찬 술잔에 안주 한 접시
가짜 돈 깔고 앉아도 돈벼락 꿈만 주고

밖에는 꽁꽁 얼어 메아리 하나 없이도
방안만은 훌훌 끓어 엉덩이가 후끈하다
이것도 내 복인가 보다 오늘따라 사는 맛 나고

접시 하나 비워내면 주인은 또 인심 쓰고
술병이 다 비워지면 연실 연실 대령하네
이러단 풍선 부풀 듯 재산 많이 일겠네

그믐밤의 정경

무슨 사연 그리 많아 흑막 저리 쳐 놓았나
하늘엔 잔별들만 가물가물 지새우고
맘 들뜬 떠돌이별만 야반도주 치고 있다

적막한 앞산 뒷산 멍청이가 되었구나
한 치 앞을 볼 수 없어 애태우는 맹인 같아
앞길이 구만리인데도 말 한마디 못 하고

들바람만 재치 떨며 제멋대로 요동치고
밤눈 밝은 앞 강물도 외골길만 잘도 달려
뭇 인생 영감을 살려 천년 등불 품으라네.

사군자 四君子

매화의 향기 가득 참사랑이 솟구친다
순결함의 표상인가 뭇사람 눈길 끌어
저 참뜻, 본정이 솟아 고운 핏줄 이어가네

난초의 힘찬 붓끝 예나제나 변함없이
싱그럽게 넘치는 성 믿음으로 가득 채워
바람에 힘줄 돋우며 곧은 신념 펼쳐대네

국화의 그윽한 빛 서릿발에 짓눌려도
모진 고통 이겨내고 임 향한 본심인 듯
햇살에 몸을 달구어 천년 앞길 트고 있다

대나무 푸른 절개 하늘까지 추켜든 채
윤기 펴는 병법 따라 고운 자태 펼쳐대고
저 큰 뜻 누가 꺾겠나 일편단심 꼿꼿한 걸

자유로운 안개 무리

어딜 가나 한맘 한뜻 포부도 당당하다
온 산천 삼라만상 감싸 안고 덮어 씌워
저 묘한 장막에 가려
눈뜬장님 되고 마네

신비한 안개 무리 슬기로운 지혜 일궈
하늘눈 크게 뜨고 산등성이 훨훨 넘어
머나먼 오지 마을 향해
날개 마냥 휘젓는 듯

바람 앞엔 어리둥절, 햇살 앞엔 설설기다
대망도 저버린 채 슬그머니 내 몸 낮춰
새 천지 유랑 천 리 길
자유롭게 떠나가네.

제6부 겨울바람 소나타

밤사이 내린 폭설

담벼락 타고 앉아 뼈만 남은 저 담쟁이
폭설에 파묻히어 애깨나 태우겠다
밤사이 웬 날벼락인가
날숨조차 못 쉬겠네

저 하늘 무수한 별 꽁꽁꽁 묶어놓고
점잔만 떨어가며 마구발방 퍼부었나
온 산천 안마당 밟듯
푹푹 덮어버렸네

하찮은 날짐승들 점잖은 고목 나무들
지은 죄 다스리며 숨통까지 막아버렸나
햇살이 도와주기만
두 손 모아 빌고 있네

고드름의 한살이

함박눈 내리는 밤 지붕 위에 날름 앉아
흰 머리 쓰다듬고 점잔 한껏 피우던 너
한 찰나 무에 슬퍼서
눈물 뚝뚝 흘리는가

희미한 목소리는 귓전에만 들리는 듯
햇살이 내리쬐면 꼼짝달싹 못 하던 너
그 힘찬 맥박 소리조차
들리지가 않는구나

칼바람 좋다 하고 오기 한창 부렸건만
아침 해 솟자마자 주눅이 들었는가
피맺힌 한이 풀렸나
소스라쳐 맥을 놓네.

겨울바람 소나타

가으내 시원스레 온 가슴 녹였건만
냉철한 계절 맛에 신바람이 솟았는가
밤낮도 가리지 않고
울려대는 변주곡

산등성이 훌훌 넘어 마구발방 날려온 길
익살쟁이 놀아나듯 진탕만탕 달구치나
한겨울 시름도 없이
목청 높인 교향곡

청청한 청솔 나무 얼싸 절싸 끌어안고
출수록 용기백배 리듬 박자 척척 맞춰
오달진 겨울바람은
멋에 실린 소나타여!

벌거벗은 겨울 산

결심도 대단하다 엄동설한 추운 날에
알몸으로 떳떳하게 겨울 한 철 보내다니
청 푸른 소나무들만
힘줄 마냥 달궈대고

쌩쌩 부는 칼바람도 곁눈질로 쳐다보다
너무나 안타까워 살짝 살짝 지나가나
침묵을 지켜가면서
애성 한껏 태우는 듯

예제서 산새들만 호화판을 벌이면서
겨울 찬가 읊어대며 날개춤만 추는 건가
세상은 사는 맛이 다른 걸
어느 뉘가 탓할쏘냐

한겨울 자작나무 숲

자작나무 숲속 길은 야릇한 별난 세상
너나없이 헐벗은 채 혼줄만 달궈대나

흰 몸매 윤기가 솟아
천하일색 미인 같아

눈밭에 발 묻고도 찰떡같은 인연인가
애정이 북받친 듯 쏟아붓는 저 깊은 정

기이한 수수께끼 같아
꿈결에도 사무쳐

신성한 이웃사촌 알뜰살뜰 서로 얽혀
글발만 주고받나 물음표만 찍히도록

시 한 수 읊어대다가
넋두리만 펴다 마네

겨울 새, 겨울 나무

추우면 추울수록 활개 치는 겨울새들
사시사철 가늠보다 주인행세 하는 건가

칼바람 등에 얽히어
하늘까지 찌르겠다

겨울 숲속 넘나들며 묘기 한껏 부리면서
뜨거운 정열 뿜어 한기 한껏 녹이는가

저 꿍심 아무도 못 말려
달아오른 뱃심인걸

벌거벗은 겨울나무 어안이 벙벙한지
날갯짓 우러르며 오는 봄만 점치는 듯

온 몸통 몽땅 내민 채
새론 역사 꿈만 꾸네

겨울 밤나무

좋은 계절 파랑 잎에 꽃 피워 열매 맺고
새들도 불러들여 알찬 둥지 틀게 했네
저 사랑
믿음이 쌓여
해와 달도 좋아하고

아쉽도록 못다 한 일 발치 아래 숨겨놓고
하얀 눈발 모진 삭풍 보약처럼 마셔대나
저 천계天界
우러러보며
억겁 도량 닦는 듯

삼매경三昧境에 빠져들어 고달픔도 잊었는가
팽팽한 힘줄 돋워 새 생명줄 엮어가며
만물의
본보기 되어
이 한 세상 끌고 가네

세한삼우 歲寒三友

나무는 마주 보며 싱글벙글 웃어댄다
짐승도 또래 또래 저들끼린 똘똘 뭉쳐
오는 정
가는 정 풀며
오순도순 살고 있네

언덕배기 저 나무들 어찌 그리 다정한가
칼바람이 샘을 놔도 아랑곳 아니하고
한종일
눈빛 굴리며
형제같이 똘똘 뭉쳐

억척같은 부자라도 권세가 높다 해도
친구 없는 세상살이 사막과 같지 않나
송松 죽竹 매梅
세한삼우歲寒三友가
뭇 인생의 스승이네

아름다운 추억

강기슭 산봉우리 고운 햇살 고이 받아
은빛 머리 금빛 의상 사방팔방 자랑 떠네
언제나 기억속에서
사라지지 말라고

구름도 바람 따라 맴돌다 맴돌다가
그리움이 쌓였는지 왈칵 달려 오는 걸까
금새에 머리맡에서
둥실둥실 춤을 추네

별처럼 바람처럼 가는 세월 무상한데
옥같이 흐르는 물 영롱하게 피어올라
세월속 몸을 헹구며
행복꿈을 꾸어보리

꽃은 밤낮을 안 가려

매서운 추운 겨울 몸서리가 났나 보다
봄소식 듣자마자 저마다 알눈 뜨고
바람에
몸을 비비며
천지사방 넘보네

뒤엉킨 실타래가 마법에 걸리는 듯
귀 기울여 들어봐도 숨소리는 간데없고
밤새워
토닥거리네
쥐도 새도 모르게

낮과 밤 따로 없다 피맺히는 굳은 맹세
여한을 풀며 풀며 속살까지 내미는가
꽃송이
어둔 밤에도
별빛 감고 피고 진다

귀향길 야간열차

값진 삶 그려가며 집을 향해 달리는 길
한낮의 기억들은 자물쇠를 채워놓고
오로지 내일을 위한
열쇠만을 생각한다

출발점은 뉘보하고 종착점만 연신 찍어
캄캄한 밤 비몽사몽 아리송 아리송해
열차는 내 심정 아는지
가쁜 숨만 쉬는 듯

의지는 살아 있어 꽃 한 송이 피워대듯
머리를 끌어당겨 허상도 그려보고
먼 앞날 영광을 위해
한 하늘을 열어본다

고목에도 새싹 돋네

물소리 바람 소리 모두 다 친구일세
청푸른 나뭇가지 때가 되면 열매 맺듯
인생길
저와 같아서
구김살을 펴며 사네

시작도 끝도 없는 무한한 복의 근원
경중을 가려가며 곧은 힘줄 달궈대면
태양이
솟아오르듯
밝은 새날 맞이하리

고귀한 생명이여! 굳은 신념 꺾일쏜가?
흘러가는 강물처럼 이 몸 하나 바친다면
고목에
새싹이 돋듯
영원 삶을 누리리라

철없이 내리는 비

비가 오네 비가 와요
철부지가 날뛰듯이
눈 내릴 철이건만 옹고집 부리는가
정신도 흐리멍덩해
제 몸 하나 못 가누며

야박한 인심 속에
어리둥절 쩔쩔매다
울화를 참지 못해 쏟아내는 눈물인가
점잖은 고목나무도
어이없다 묵묵부답

몸 낮춘 눈송이는
입 있어도 말 못 하고
하늘도 이래저래 타는 속내 참아가며
달래다, 달래다 못해
두 손 들고 마는구나

외로운 낮달

넓고 넓은 저 하늘에 밝고 밝은 이 한낮에
친구도 하나 없는 외로운 낮달 하나
오늘도 헛헛한 하루 외로웁기 그지없어

희미한 화지 위에 아련한 힘줄 돋워
엷은 색깔 고이 풀어 수채화를 그려논 듯
저 모습 보일락 말락 쓸쓸하고 안타까워

산산한 하늘에는 바람만이 헤엄치고
햇살도 감싸주다 발걸음 재촉한다
해거름 서산을 향해 어른어른 서성이네

가창오리

구름같이 몰려들어 날개 치는 저 무리들
찬란한 석양빛에 떼거리로 온몸 달궈
해종일 요동을 치다 살풀이를 하는 듯

철새들의 위용인가 너나없이 한 통이다
호수를 내 집같이 역수만 번 놀고 돌아
하늘 끝 사로잡은 채 태평가로 한을 푸네

무딘 인생 깨우치려 예 와서 놀아나나?
가락춤, 멋진 가락춤 황홀하고 아름다워
한바탕 군무를 이뤄 화합 길을 열어 놓네

시서화詩書畵 계절풍

봄에는 꽃이 좋아 꽃노래 불러대면
오색 빛이 사무치어 무진 글발 솔솔 돋네
큰 포부, 핏줄에 달궈
좋은 시만 낚으라고

여름엔 구슬땀이 빗물처럼 쏟아져도
풀벌레 날갯짓에 온 우주를 끌어안네
푹 찌는 삼복더위에
힘찬 붓끝 놀리라고

가을이면 오곡백과 향내에 가득 취해
맛보면 맛볼수록 신바람이 절로 솟네
온 들판, 한눈에 잡아
산수화만 그리라고

겨울 되면 흰 눈발도 옛 친구 맞이하듯
추위쯤 너그럽게 두둥둥 맞손 잡아
칼바람 시서화詩書畵 깃발
얼싸절싸 휘날리네

한 푸는 청둥오리

힘 빠질 억새풀은 추위에 벌벌 떨건만
머나 멀리 날아온 길 노독路毒도 있으련만
옛정을 잊지 못해서
덩실대는 날개춤

겨울이면 찾아오는 심성 맑은 청둥오리
한번 맺은 천생인연 꿈결에도 잊지 못해
강바람, 물결에 실려
자맥질로 다지는 듯

모진 삶 속에서도 식솔끼리 똘똘 뭉쳐
어딜 가나 한맘 한뜻 깊은 정만 나누는가
올곧은 저 굳센 결기
춤사위로 한을 푸네

겨울 숲속 바람

길도 없는 너른 들판 활개 치던 칼바람도
산등성이 어기차게 넘나들던 왕 바람도
예 와선 침묵만 지키며
점잔 저리 떨고 있다.

헐벗은 나뭇가지 가엾고 안쓰러워
몸부림도 삼가고 떠날 줄 몰라 하나
내 품 안 감싸고 감싸
자비심을 베푸는 듯

기나긴 모진 한 철 눈발 쌩쌩 내리쳐도
아랑곳 아니하고 훌훌 털어 내리는가
뉘우친 겨울 숲 속 바람
마른 인심 풀고 있네

한겨울 골목 바람

바람도 겨울철엔 왕고집만 부리는가
여름 내내 착한 맘씨 어찌 그리 변했는지
만나면 만나볼수록
냉정하기 그지없어

골목길 들판 길은 귀신같이 알아채고
체면도 저 버린 채 내 중심만 챙기는 듯
하는 짓 얼토당토않아
정나미가 뚝 떨어져

눈독을 쏘아대며 쌩쌩쌩 성깔 부릴 땐
회초리 추켜들고 머릿살 후려치는 듯
왕고집 하도 부려대
곁눈질도 할 수 없네

홀로 핀 설중매화

외로운 밤 지새우며 이리저리 뒤척이다
얼마나 그리웠으면 눈 속에서 홀로 필까
방긋이 얼굴 내밀고 엷은 햇살 마셔대며

까치 소리 끌어안고 먼 산만 바라보다
손발이 아려해도 심장 속에 녹여버려
차디찬 인생행로에 새론 횃불 밝히는 듯

살랑대는 봄바람을 미리 나와 기다리나
타고난 저 심성을 누가 감히 꺾을쏜가
어느새 조각구름이 머리맡을 지나가네

갯바람 심보

배들은 저 멀미에 꼼짝달싹 못 하는가
온 바다 요동치고 설움마저 북받치어
몽니가 하도 사나워 겁에 질려 설설 기네

그 뉘도 못 말리는 억세 빠진 못된 꿍심
맞닥쳐 겪어 봐도 소름끼가 오싹 돋아
꿈에도 펄쩍 뛸가 봐 깊은 잠도 못 들겠네

갯바람 성깔머리 몰지각한 행패인가
자맥질도 못 하도록 옹고집만 저리 부려
항구는 온몸 묶인 채 잠들 날만 기다리네.

세찬 바람꽃

바람도 떼거리로 바람기가 치솟는가
낮에는 햇살 타고 밤에는 달빛 감고
온 산천
휘휘 돌면서
호화 방탕 놀아나

천지가 내 집마냥 내 맘대로 휘적거려
형상도 기묘하게 구름같이 빙빙 돌아
웅대한
풍채 달구며
세상 눈길 가로채

입 벌리던 꽃송이는 주눅 들어 허둥대고
벌 나비는 어이없어 덩실대다 숨어버려
바람꽃,
세찬 바람꽃
마음마저 들뜨네

서산을 넘는 해

대망 품던 아침 해는 눈망울 굴려 가며
넓고 넓은 푸른 하늘 크나큰 뜻 펼쳐대다
한 찰나
서산마루에
점잔 떨며 걸터앉네

피에 맺힌 그리운 정 그토록 잊지 못해
뒤죽박죽 얽힌 사연 놀물에 새겨놓고
말없이
얼굴 붉히며
민망한 듯 고개 숙여

한종일 화사하게 방긋 웃던 저 얼굴엔
아쉬운 소망들이 태산같이 쌓였는 듯
내일 또
오겠노라고
슬그머니 몸 낮추네.

별처럼 살아보리

밤마다 하늘에서 빛을 뿜는 별의 무리
억만년 다진 절개 일편단심 변함없듯
저 성심誠心 고이 내려받아
환한 앞날 점쳐보리

애타는 쓰라림쯤 꿀맛처럼 여겨내고
고통도 운명인 양 꽃향기 마셔대듯
생가슴 쓰릴지라도
굳센 신념 다져 보리

가냘픈 우리 인생 애간장 태워대면
샘물을 마셔대며 용기백배 달구치듯
별처럼 무진 사랑만
별 치면서 살아보리

이상적 유토피아(Utopia)

날 새자 햇살 무리 창문을 두드리듯
악몽은 불사르고 소망을 실어보면

황홀한 선물 보따리
고이고이 챙겨주리

만사가 막막해도 환한 등불 밝히는데
천근만근 짊어진들 태산쯤 못 넘겠나

험악한 세상일지라도
앞길 활짝 열어주리

매정함도 휘어잡고 새론 넋을 일군다면
조각구름 덩실덩실 무지개 타고 놀 듯

한평생 이상적 유토피아
희망 샘이 솟으리라

신선도神仙圖 설경雪景

어제도 온 산천은 타고난 천성대로
제멋에 취해버려 점잔깨나 피웠지만
밤새껏
흰옷 갈아입고
천하일색 자랑 떠네

드넓고 웅장하게 백색 화폭 곱게 펼쳐
선남선녀 홀리도록 별난 세상 이루었나
해맑은
저 혼쭐에 홀려
심장까지 녹아들게.

하늘눈 환히 뜬 채 힘찬 붓대 휘날렸나
보람찬 걸작품에 감탄사만 솟구치네
영묘한
신선도 설경
신비롭기 바이없다.

세상은 요지경 속

강물은 밤낮없이 바다 향해 들고 뛰네.
달리고 또 달리면 더 좋은 곳 닥치련만
인생은 미련만 피우며 제자리서 빙빙 돌고.

내 허물 알면서도 뉘우칠 줄 몰라 하네
남의 잘못 원망하며 깊은 시름 풀지 못해
산골짝 맑은 샘물만 기차도록 마셔대고.

언 가슴 감아쥔 채, 타는 숨결 움켜쥐네.
이 눈치 저 눈치만 요리조리 살피면서
한세상 요지경 속에서 내 욕심만 차리네.

복수초의 뚝심이여!

세차고 억세빠진 굳은 결심 다졌는가
역장이 무너져도 만년 꿈만 꾸었는가
눈발은 저리 사나운데
고개 번쩍 들었구려.

꽁꽁 언 땅 밟고서도 여봐란듯이 몸 비비니
열기만 연신 뿜어 뛰는 맥박 달궜는가
얼음도 녹여버릴 배짱
핏줄 달궈 삭였구료.

칼바람쯤 가소롭게 본체만체 등 돌리고
햇살은 멈칫멈칫 힘살 풀다 말 건마는
저 뚝심 쇠꼬리 비치듯
꽃봉오리 피웠구료

부처님 앞에서

울먹이며 떼를 썼네 피에 맺힌 소원 하나
천근만근 큰 짐 하나 스스로 풀어놓고
살붙이 살려달라고 떼만 쓰다 주저앉아

백팔번뇌 되새기며 무릎 꿇고 기도했네
부처님은 이내 심정 환히 알고 계시는 듯
천 만 근 무거운 발길 털털 털고 발 돌렸지

되돌아오면서도 잠겨 드는 깊은 생각
쇳덩어리 짊어진 듯 왜 그리 답답한가
이 죗값 씻어 달라고 튀는 심장 두드렸네

설해목雪害木 단상斷想

지난 세월 시름없이 호화롭게 지냈건만
그 순한 함박눈도 심술 저리 부렸는가?
꿈에도 상상 못 할 일
모진 참상 입다니

만인 앞에 멋쟁이라 칭찬깨나 들었건만
억센 핏줄 힘찬 맥박 단칼에 후려친 듯
한평생 팔자에도 없는
설해목이 되다니

죄 짓곤 살 수 없다, 양심대로 살았건만
팔목이 부러지고 눈물까지 말라버려
말로는 표현도 못 해
원망스런 세상이여!

신비한 세상

내리쏘는 힘찬 햇살, 찰랑대는 고운 물결
차원이 서로 다른 이상 세계 그려대네
하늘땅 경계를 넘어
숨바꼭질하듯이

비몽사몽 꿈결에도 얽힌 속내 다잡으며
영화 필름 돌리듯이 품은 정 몽땅 쏟아
드넓은 외계를 향해
억겁 도량 닦는 건가

저 별은 뉘별이며, 내 별 또한 어느 건가
세상 끝 하도 멀어 헤아리질 못하겠네
한없는 3차원 세계
방정식만 연신 푼다

공상

꿈속에서 들려오는
야릇한 저 목소리
생시에 생각하면
모두 다 헛것인 걸

허상만
떨다 떨다 보면
꽃비 내린 아침 같아

귀 막고 등 돌리면
그리움이 앞장서고
눈 뜨고 바라보면
허무한 장난 같아

공상이
자꾸 떠올라
회리바람 불듯 한다

지난 세월

저 옛날 추억들이 꽃불 찍듯 아롱댄다
거미줄에 걸린 잠자리 퍼덕이던 그 모습도
이제 와 돌이켜 보면 인생사는 수레바퀴

젖은 그늘 헤쳐가며 버거운 일 맞닥치면
처연한 마음 달래 용기백배 세워 봤지
어머니 고운 사랑을 가슴 깊이 새겨가며

내 안에 믿음 하나 끌어안고 짊어지고
산마루 청솔 나무 사시사철 푸르듯이
하늘만 우러러보며 여기까지 걸어왔네

허공을 나는 새

바람꽃 타고 놀며 향락 한껏 누리면서
눈앞에 걸리는 것 아무것도 없는 세상
저 힘찬 날개 춤추며
먼 앞날만 점치는 듯

산마루 훌쩍 넘어 강물 줄기 훨훨 타고
어디든지 서슴없이 자유롭게 나는 새들
저 기백 꺾을 수 없는
몸에 밴 천성이여!

나무숲 깔고 앉아 알찬 집터 다진 자리
날빛 달빛 고이 받아 행복 꿈에 놀아나다
기어이 허공을 날아
천상천하 휘어잡네.

바람처럼 살고 싶어라

근심 걱정 털어놓고 사시사철 내 맘대로
길도 없는 산과 들을 내 품 안에 껴안듯이
한평생
자유자재로
바람처럼 살고 싶다

꽃밭에선 꽃향기가 풀밭에선 풀냄새가
영롱한 꿈에 실려 꼬인 매듭 훌훌 풀고
윙윙윙
흥을 돋우며
바람처럼 살고 싶다

비가 온들 눈이 온들 무슨 상관 있겠는가
영원한 앞날 향해 동심원만 그려가며
무진장
넓은 세계에서
바람처럼 살고 싶다

제7부 인생별곡

내 시는 나의 별곡

입맛 쩍쩍 다셔 가며 내 뜻대로 읊는 별곡
한물간 꽃잎처럼 뒤척이고 뒤채여도
저 강물 힘차게 달리듯
있는 정성 쏟는다네

같은 시제 놓고서도 눈높이가 서로 달라
시상도 시인마다 무궁무진 한이 없듯
이 한 몸 똑딱선 타고
바다 향해 달린다네

맷방석에 앉아서도 하늘눈 크게 뜨고
자연을 노래하며 흥을 푸는 인생행로
저 우주 품 안에 안겨
사는 맛을 되새기네

강변의 돌멩이도 만고풍상 겪으면서
하세월 닦은 품성 천차만별 다르듯이
내 시는 나의 별곡으로
삶의 향기 품어 보네

시집을 내면 낼수록

부족한 줄 알면서도 뻔뻔스레 펜을 들고
이리 궁상 저리 궁상 손끝마저 어리벙벙
그래도 이게 어디냐고 힘줄 한껏 튕겨본다

사시사철 다른 계절 영락없이 찾아오듯
글귀도 시절 따라 오색 꽃을 피우나니
점잖게 앉아있어도 머릿속을 간질이고

한여름엔 소나기가 억수장마 퍼붓듯이
한겨울엔 함박눈이 흰 꽃송이 피우듯이
애절한 사랑의 꿈이 부글부글 끓는구려

남들은 건방지다 손가락질 할지라도
핏줄에 솟는 샘물 막을 수는 없잖은가
욕망은 햇살과 같아 아름다운 빛깔인 걸

황혼빛에 넋을 일궈

콩잎도 한낮에는 시들시들 맥을 잃다
해 질 녘엔 핏줄 돌아 힘줄 돋워 고개 들 듯
인생도
저리 물들어
노을빛에 생기 솟나

햇살에 달군 몸매 달빛으로 다지면서
꿈같이 지나온 길 비단같이 펼치는 듯
석양에
옷깃 여미며
이색 삶을 엮어본다

뜨겁게 타던 불길 가슴속에 쟁여가며
피멍울 북받쳐도 혼불 풀어 삭여대고
가꿔온
젊음의 피로
피워보는 황혼 꽃

세월은 동반자여!

바람처럼 구름처럼 떠도는 인생의 길
저 옛날 친구들이 유난히도 아른거려
한세월
흘러갈수록
사무치는 애정이여!

서산에 지는 해는 내일이면 또 뜨건만
떠나버린 이 내 청춘 되돌릴 수 있겠는가
새날만
점쳐보면서
낚아채는 미련이여!

누군들 세상 삶에 만족감을 느끼겠나
노을빛 감고서도 아리따운 꿈에 실려
세월은
동반자라고
사랑시만 낚는다오

꿈결 같은 세상살이

해와 달 서산 넘듯 이 한세상 끝이 있고
고향이 그리운들 종말조차 막을쏜가
꽃송이 활짝 피워대도
열매 맺고 말 듯이

갈매기 넓은 하늘 날다가도 사라지듯
부둣가 돛단배가 때만 되면 떠나가듯
우리네 일상생활도
돌이킬 수 없는 것을

한평생 들고뛰다 허전함을 느껴보고
영혼이 날고뛴들 멈출 수도 없는 진리
인생길 세상만사가
꿈결같이 지나가네

세월 연가

봄이면 꽃이 피어 가을이면 열매 맺고
오늘이 흘러가면 내일이 찾아오듯
냇물은
바다를 향해
대망의 꿈 일군다오

그리움이 사무치면 사랑으로 채워주고
슬픔도 물리칠 땐 만군의 힘 솟구치듯
얽힌 일
술술 풀리어
만사형통 이룬다오

인내는 결심이요, 깨우침은 곧 덕이라
인생길 갈고닦아 즐거움에 취한다면
세월은
척척 박자 맞춰
앞날 환히 밝힌다오

아름다운 향기

황금 들판 꽃봉오리 방긋방긋 입 벌리고
끼룩끼룩 갈매기 떼 힘찬 날개 활개 쳐도
내 안에 스며드는 향내
그대밖엔 없다네

설 한풍 마셔대며 품어대는 매화 향기
봄바람에 나풀대는 황홀한 꽃이라도
사람이 사람에게 품는
향내만은 못하다네

가슴이 뜨겁도록 북받치게 뛰는 맥박
마주치는 눈초리에 핏줄마저 서로 얽혀
진정한 아름다운 향기는
사람 속에 있다 하네

뭇 인생은 욕심꾸러기

부자가 가난뱅이 동전 몇 푼 탐낸다는 말
이제야 깨우치니 참뜻을 알겠구나
뭇 인생
삿대도 잃고
배 위에서 헤맨 듯이

버젓이 만인 앞에 남의 흉만 보는 심보
제 허물 감춰둔 채 고개 번쩍 쳐들듯이
뭇 인생
요지경 속에서
왕고집만 부리는 걸

죽 한 그릇 버리기는 술잔 엎듯 마구치고
못된 사람 만날 때는 기가 막혀 답답해도
뭇 인생
욕심꾸러기라
자기 멋에 산다 하네

황혼길

그 뉘도 황혼길을 막을 수는 없잖은가
옥빛 같던 지난 세월 미련쯤은 팽개치고
과욕은 불살라 버린 채
새론 꿈만 일궈야 해

해마다 주책없이 외곬으로 달렸던 일
좋은 운수 찾느라고 뒤죽박죽 헤매던 일
이제 와 뉘우쳐 볼수록
어리석던 미련퉁이

해마다 봄은 와도 늙어가는 인생행로
지은 허물 뉘우치고 맑은 물에 헹궈대어
옹달샘 연신 솟구치듯
참된 심성 달궈본다

세월은 흘러 흘러

살다 보면 어느 결에 번갯불 지나치듯
설레는 마음으로 어리둥절 헤매었지
스치는 바람결 타고
어화둥둥 춤도 추고

세상살이 사는 맛이 입맛대로 되겠는가
뉘우쳐 탄식하며 새론 길 열어가며
한 조각 저 구름같이
푸른 하늘 나는 거네

덧없이 지나간들 되돌릴 수 있겠는가
가지 말라 손짓해도 멈출 수도 없는 세상
인생은 세월이 흐르듯
가차 없이 뛰는 거네

인생의 값진 삶

비 오면 우산 쓰고 햇볕 나면 양산 쓰고
번개 치듯 살면서도 어화둥둥 노는 것을
인생은 행복 꿈에 실려
사로잡혀 산다네

꽃송이 품에 안고 호사 마냥 떨다가도
쓴 물을 마실 때는 깊은 생각 하는 것을
인생은 사랑싸움에
헛된 욕심 팽개쳐

어슬렁 걷다가도 엉덩방아 찧다가도
구름이 덩실대듯 물 흐르듯 사는 것을
인생은 희망 속에 잠겨
값진 삶만 낚아채

삶의 여정

인생의 이정표는 어느 뉘도 장담 못 해
포장된 명예 권세 믿지만 말라 하고
더불어 살아가는 꿈
교훈으로 삼으라네

폭풍이 닥쳐와도 굳은 결심 다그치고
현실을 등대 삼아 밝은 앞날 환히 밝혀
긍정적 신호탄만 쏘아
빛과 소금 되라 하네

흔들린다 고뇌한들 생명줄은 고동치고
활력소가 넘쳐난들 해결 방안 아리송해
먼 앞날 삶의 여정을
날개 펴듯 세우라네

먼 앞날만 바라보며

지난날 허둥지둥 앞뒤조차 못 가린 채
헛걸음친 허송세월 보람없이 보낸 날들
이제 와 뉘우쳐 본들
되돌릴 수 없지 않나

예제니 온 산천은 변함없이 그대론데
꽃송이 나뭇잎은 철 따라 피고 지고
철새는 제 살길 찾아
오락가락 하잖았나

인생길 멀다 해도 잠시 들려 가는 것을
실개천 흘러 흘러 바다 향해 달리듯이
먼 앞날 큰 꿈에 실려
힘찬 맥박 퉁겨보네.

섭리대로 사는 인생

뿌리내린 꽃송이가 함초롬히 웃음 짓고
외진 곳도 좋아하네, 타고난 팔자라고
내 운명
내가 지키는 걸
어느 뉘가 흉보겠나

한 치 앞도 알 수 없는 나이테만 계속 늘려
눈 감은 채 그려본다, 먼 앞날 무지개 꿈
강물이
일렁거리듯
파노라마 낚아채며

미로 속 인생 앞길 운명대로 사는 것을
비 오나 눈이 오나 바른 심령 굳게 다져
저 우주
섭리를 받아
꽃송이만 품고 사네

그리운 인생길

아스라한 그리움이 자나 깨나 사무치어
고스란히 피에 맺혀 푸른 꿈이 일렁이네
모질던 악령의 불씨
촛불 녹듯 사라지고

아늑한 전릿길도 뇌리에 아른거려
매섭던 칼바람쯤 봄 향기 마시듯이
저 옛날 모정 같은 자비심
오롯하게 품어본다

청춘 같은 붉은 열정 번개 치듯 지나가도
깊은 속내 달궈가며 억겁 도량 닦아본다
한평생 만년 터 다지며
힘찬 맥박 달구치게

흘러간 세월의 탑 도란도란 쌓노라면
동백꽃 넝쿨장미 여봐란듯 활짝 웃어
황홀한 꽃수레 타고
시공세계 넘어본다

인생길?

삶이란 무엇인가? ?표만 되뇌이네
물 흐르듯 바람 불듯 언더라인 연신 긋다
끝내는 망향가에 실려 바른길만 찾는 거다

살다 보면 쓴맛 단맛 뼛속 깊이 사무쳐도
악몽쯤 아로새겨 눈초리로 불긋 달궈
꽃송이 알찬 열매 맺듯 곧은 길만 닦는 거다

사심이라 아예 없는 솔솔 솟는 샘물처럼
저 넓은 바다 향해 대망의 꿈을 품듯
인생길, 힘찬 담금질로 오롯하게 사는 거다

인생은 홀로 걷는 나그넷길 아니던가
고달프고 외로워도 불행한 일 닥쳐와도
진주알 엮어가듯이 행복 꿈을 꾸는 거다

그리운 추억

소싯적 어린 시절 야릇하게 떠오르고
골목길 지날 때에 오얏꽃이 눈짓할 땐
탐스런 저 향기에 취해
웃음보가 터지고

아쉬운 일상들이 파도처럼 출렁이고
뼛속에 사무치어 가슴까지 울렁일 땐
맥박도 번개 치듯이
팔딱팔딱 톡톡 튀고

옛 추억 되살리고 밝은 앞날 꿈꾸면서
한 발짝씩 걷다 보면 희망찬 샘이 솟아
흘러간 그리운 추억
아리땁기 바이없네

아쉬운 하루

몽상에 휘말리어 먼 앞날만 점쳐보다
들숨 날숨 쉴 새 없이 저녁노을 얼굴 붉혀
몸 둘 바
몰라 하던 차
해는 지고 말았지

그립던 친구 만나 커피 한잔 마셔대다
벌 나비 춤을 추듯 웃음보가 절로 터져
아련한
일막일장을
번개 치듯 펼쳐봤지

꽃구름 하늘길에 덧칠하는 저 산수화
아롱지고 신비로워 어화둥둥 끌어안다
어느덧
아쉬운 하루
쏜살같이 지나쳤네

인생 소나타

더우면 더운 대로 추우면 추운 대로
참고 견딘 인내심이 핏줄 속에 사무치어
인생은
언제 어디서나
밝은 길만 열고 연다

새싹 돋는 새 봄날엔 엉덩춤에 절로 솟고
낙엽 지는 가을철엔 가슴살이 조여들어
인생은
호들갑 떨다가도
끓는 애만 다독거려

뿌리 깊은 꽃나무는 알찬 열매 잘도 맺고
옹달샘도 흐를수록 몸피 자주 불려 가듯
인생은
욕심만 부리다
허송세월 보낸다네

부끄러운 인생

산정에서 팔 벌리면
온 우주가 내 것인 양
천군만마 힘이 솟아 용꿈도 꾸어봤지
더 넓은 저 세상 향해
창창 앞날 가늠 보며

이 산 넘고 또 넘으면
어느 뉘가 살고 있을까
물음표만 연신 찍다 숨어드는 바람처럼
체면만 연신 차리다
찍고 마는 낮은 음표

아무런 사심 없이
졸졸 솟는 맑은 샘물
마른 목 축이라고 인심 한껏 베풀 때는
쓰디쓴 부끄러운 인생
몸 둘 바를 몰라 하네

칡덩굴 인생

언제 봐도 힘찬 줄기 모자람이 전혀 없네
사시사철 핏줄 가눠 온 천하 휘어잡네
저 뚝심 밧줄과 같아
풀벌레도 서성서성

헐벗은 겨울에도 나뭇가지 칭칭 감고
칼바람 후려치나 눈보라 몰아치나
만물의 본보기 되어
무딘 세월 사로잡네

해토머리 봄만 되면 만년 탑을 쌓는 건가
거미줄 얽히듯이 억겁 세월 진을 치고
뭇 인생, 길라잡이로
무딘 중생 일깨운다.

독거노인

우왕좌왕 동분서주
갈피를 못 잡는가
한 세상 그립도록 호황 떨며 살았건만
어이해, 외로움에 갇혀
한숨 쉬며 헤매는가

햇살이 밝혀줘도
실바람이 감싸줘도
파란만장 겪으면서 호호백발 막지 못해
빛바랜 세월 속에서
아연실색 하는 듯

인생의 종착역은
불 보듯이 뻔한 건데
하늘눈 크게 뜨고 환한 앞길 점쳐보네
홀로 된 저 독거노인
밝은 삶을 빌고 빈다.

촌음

온 풍광 누리면서 호화롭게 살면서도
산새들 울음소리 바람결에 사라지듯
낭랑한 우리네 인생
낮달같이 지나쳐

한 칠나 들판에는 노을물이 내려앉고
물총새 날갯짓은 별빛에 스며들어
내 한 일 눈곱만도 못해
허둥지둥 헤매는 듯

할 일은 태산 같아 눈코 뜰 새 없건마는
시계는 사정없이 힘줄 이리 조여대나
촌음을 아껴 쓰려해도
채찍질에 말려든다

아쉬운 시간

갈 길은 아득한데 해는 벌써 뉘엿뉘엿
신 끈 매고 뛴다 한들 식은땀만 줄줄 흘러
야속타
시곗바늘도
멈출 줄 몰라 하네

저 별들 마중 나와 눈 바싹 뜨라 한다
팔 걷고 핏줄 달궈 뛰는 맥박 움켜잡고
별똥별
번갯불 되듯
잡념 털고 가라 하네

얽히고설킨 일에 아쉬움만 쌓아논 채
어둔 밤길 막막 세상 어리둥절 헤매던 차
기어이
부엉새 울음
얽힌 속내 풀어주네

빛보다 빠른 세월

쌓인 눈 녹기 무섭게 새싹들이 춤을 추고
눈 깜짝하는 사이 꽃송이가 방실대네
잠결에
꿈 한번 꿨는데
열매들이 주렁주렁

여름인가 여겨지면 어느 결에 단풍놀이
번갯불 반짝이듯 낙엽 밟다 겨울나네
빛보다
빨리 가는 세월
눈코 뜰 새 없구나.

값진 하루

고운 정 미운 정이 뒤죽박죽 엇박자 쳐도
쓰라린 가슴팍을 바람결에 씻으면서
밝은 빛 먼 앞날 향해
주먹 쥐고 달려본다

비바람에 소나비가 억수같이 쏟아져도
먹구름의 방자함을 너그러이 용서하며
날빛을 거울로 삼아
밝은 꿈만 주워본다

악몽 같은 지난날이 명치끝을 찔러대도
고매한 숨결 따라 샘물로 씻어내고
새 터에 새 말뚝 박고
만년 집터 다져본다.

되새겨보는 청춘별곡

한번 가면 못 올 길을 유유히 걸어왔네
꽃은 져도 열매 맺어 힘찬 울림 낚아채듯
한 인생 미련 꿈꾸며 곧은 길만 걸었다오

모진 바람 후려쳐도 재략으로 물리치고
새로운 아이디어 일구고 또 일구어
악마가 헤살부린들 눈도 깜짝 아니했네

매사에 얽힌 곡절 심장을 두드릴 땐
북소리 울리듯이 시원스레 녹여버려
청청한 핏줄을 달궈 값진 삶을 엮어왔네

야릇하던 젊은 시절 갈대처럼 헤맸어도
붓대 하나 곧추세워 굳은 신념 굳혀가듯
이제사 맥박을 퉁겨 청춘별곡 읊어본다

젊은이들에게

아름다운 인생길에 등불 하나 밝혀놓고
오직 한 길 갈고 닦아 백 년 앞을 내다보네
눈 녹듯
깨어나라고
만년 꿈에 실리면서

산과 들 솟는 정기 온몸에 가득 품고
신비스런 자연 속에 핏줄을 달구라네
새싹이
힘차게 돋아
파랑 핏줄 달궈대듯

청춘의 먼 앞날은 바다같이 넓고 넓어
빛나는 계절 맛을 뼛속 깊이 느낀다네
꽃피워
열매를 맺듯
성공비결 꿈꿔보네

행복한 세상 만들기

낮에는 햇살 비춰 온 천하 밝혀주듯
밤에는 별빛 쏟아 새 희망 펼쳐대듯
저 하늘 높은 뜻 받아
알찬 삶을 일궈야 해

새들의 힘찬 날개 천리만리 훨훨 날 듯
벌 나비 꽃밭 찾아 가시밭도 헤쳐가듯
언제나 내 힘 달구어
순례대로 살아야 해

헛방 치는 안락의 꿈 미련 없이 팽개치고
내 심성 고이 가꿔 억겁탑만 쌓고 쌓아
행복한 세상 만들기에
사랑 한껏 펼쳐야 해

낭만 꿈에 실려

꿈결에도 호의호식 어느 뉘가 당할쏜가
삼라만상 내 것 같아 구름까지 잡아타고
끝없는 3차원 세계
너울너울 날아봤네

행복이란 두 글자는 핏줄 속에 새겨 넣고
구슬땀 흘려대도 보물인 양 자랑 떨며
저 넓은 광야의 언덕
새론 깃발 세워봤네

그림보다 아름다운 새 천지 둘러메고
한량없는 욕심 내며 철부지 장난치듯
하늘 땅 단걸음* 치며
새론 세상 엮어봤네

*단걸음: 한걸음. 쉬지않고 내처 걷는 걸음이나 움직임.

힘찬 한 획을 긋다

한세상 사는 것은 힘줄 세운 억새 같아
붓대를 곧추세워 힘찬 글씨 줄줄 쓰듯
영원한 핏줄을 달궈
곧은 앞길 걷는 거다

한번 세운 계획쯤은 끝까지 밀고 당겨
미련한 황소처럼 쇠꼬리 뻗치듯이
승리의 깃발을 향해
고지 탈환 하는 거다

잠자리도 날개 펴고 묘기 한창 부리면서
여름내 혼쭐 달궈 서릿발로 반짝이듯
시인은 시혼을 풍겨
명시 한 줄 쓰는 거다

별난 꿈자리

우주에서 놀아봤네, 앙가슴 활짝 펴고
백로가 활개 치듯 푸른 하늘 훨훨 날아
저 높은 날빛을 달궈 더럽힌 몸 씻어 가며

구름도 친구 되고 바람까지 내 편이라
춤사위로 어화둥둥 일심동체 똘똘 뭉쳐
야릇한 호화장단에 어리둥절 헤매었지

햇살조차 현을 달궈 황금 악기 퉁겨댈 땐
삼라만상 나를 도와 쥐락펴락 다루었네
한 찰나 천왕이 되어 이상세계 펼치면서

일궈가던 천년 꿈을 어찌 말로 표현할까
부질없는 허상만이 이 내 몸을 감고 돌아
애석타, 별난 꿈자리 깨고 보니 별천지네

열차를 타고
- 시를 쓰는 마음

기적소리 들려온다. 레일로만 달리는 열차
외곬 길 몸부림치며 방랑시를 재촉하나
하찮은 우리의 삶을 관음(觀音)으로 감싸주는 듯

역마다 손짓하며 손님맞이 한창인데
시어를 가득 싣고 포만(飽滿)에 부풀었나
새로운 신작시들이 주마등처럼 떠오른다

창문 뚫고 들어오는 햇살도 신이 났나
어찌 그리 성급한가 간이역은 쉴 줄도 몰라
이 한 몸 곧이곧대로 천년 앞길 열고 간다

진정인가 사기인가 알 수 없는 오리무중
몇 시간 달려봐도 정답은 미묘하고
둥지 속 산새 알 까듯 살 속까지 시원하네

변하는 세상살이

세차게 부는 바람 때가 되면 약해지듯
흰 구름도 장마철엔 먹빛으로 변해가듯
세상은
뒤숭숭한 꿈 같아
장담할 수 없다네

샘물도 콸콸 솟다 왕가뭄엔 메마르듯
훨훨 날던 까막까치 소나기엔 맥 못 추듯
온 만물
타고난 운명
별 방도가 없다네

애성이 북받치어 뼈와 살이 깎인대도
기쁜 날 슬픈 날도 해와 달은 연신 뜨듯
우리네
변하는 세상살이
고이 밟고 넘는다네

천생연분

그리움이 넘쳐나면 행복 문이 활짝 열려
꿈결에도 사무친다 천만 가지 얽힌 사연
어느 때 어디에서나
웃음보만 터치면서

희망찬 꽃봉오리 쉴 새 없이 피어나고
고향 땅 밟는 듯이 오해 따윈 몽땅 풀려
보듬고 다듬다 보면
깊은 정이 절로 솟네

곤충도 짐승들도 짝을 찾아 반기는데
하물며 인생길에 사랑이 없을쏜가
하늘이 맺어준 인연
천생연분 맺는다네

인생은 꽃잎인가?
- 친구를 보내며

환히 웃던 꽃잎들도 바람결에 시달리다
하룻밤 한 찰나에 떨어지고 마는구려
지나간 모진 세월을
혼쭐로나 달궈가며

잊지 못할 깊은 우정 핏줄에 사무치어
떠올리는 지난 추억 이다지도 슬플까나
처마 끝 고드름 녹듯
억지다짐 부려 보네

꽃잎은 떨어져도 알찬 열매 열었듯이
하늘나라 옥좌에서 천세 만세 누리게나
여보게, 뒤돌아보지 말게
영생 복락 빌고 비네

인생은 언제나 봄날 같아

춘하추동 사계절이 쳇바퀴 돌듯해도
언제나 발걸음은 백 년 앞길 가늠 보며
인생은
새싹이 돋듯
웃음 꽃밭 일군다네

청천 하늘 날벼락에 죽을 고비 닥쳐온들
뭇 생명 우왕좌왕 어리벙벙 헤매인들
인생은
봄꿈에 실려
꽃향기에 취한다네

악몽에 휘말려도 굳은 신념 곧추 세워
세상만사 속 시원히 지혜롭게 갈고닦아
인생은
봄 풍경 낚아채어
새론 삶만 엮고 엮네

사무치는 그리움

바늘에 실 가듯이 그리웠던 지난 나날
가시밭길 걸어간들 아쉬움이 없을쏜가
피눈물 흘릴지언정
웃음 꽃밭 일궈보리

팔팔 뛰던 이 내 청춘 강물처럼 흘러 흘러
그림자도 잡지 못해 속내 마냥 태우건만
켜켜이 묻어 두었던
젖은 사연 펼쳐보리

궂은 세월 흘러가고 환한 앞날 맞이한들
옛정을 잊고서야 무슨 날이 있으리오
지나간 발자취 살려
공든 탑을 쌓아보리

노을빛에 물들어 봤네

온종일 부리나케 왕고집도 부려보다
엇박자 마구 치며 동분서주 뛰었건만
물밀듯 서산머리엔
해가 방끗 웃어 대네

허겁지겁 버티면서 바장버정 헤매던 일
뉘우쳐 후회한들 되돌릴 수 있겠는가
대낮엔 잉걸불 같은 햇살
타는 가슴 죄어친걸

싱싱한 청솔 나무 힘찬 핏줄 퉁겨 대듯
기지개 활짝 편 채 튀는 맥박 달궈가며
한여름 노을빛에 안겨
만년 꿈에 실려 봤네.

구슬 같은 눈물방울

인생길 걷다 보면 만고풍상 겪지 않나
웃음꽃 피워보다 쓴 눈물 흘려보다
먼 앞날 가늠치 못해
우왕좌왕 헤매는 걸

시 한 편 엮노라면 별의별 일 들떠 올라
기쁜 시 슬픈 시에 뒤죽박죽 헤매이다
시혼이 우러나는 대로
방랑시도 읊는 걸

꿀 향에 취하는 날 기쁜 소식 넘칠 때는
흥이 팔팔 솟아올라 몸 둘 바를 몰라 하다
기어이 구슬 같은 눈물
방울방울 흘리는 걸

새벽 안개 길

파란 들판 보고 싶어 창문 살짝 열었건만
가슴이 콱콱 막혀 어리둥절 아찔했네
오늘도 어디에선가
기쁜 소식 기다리며

삶의 길 탐내 본들 별수 없는 새벽인 길
햇살만 기다리는 야속한 이내 심정
저 속내 알 듯 말 듯 해
막막함을 달래면서

감정의 몸부림을 야무지게 활개 친들
대자연 섭리인 걸 막을 수가 있겠는가
막막한 새벽안개 길
점치듯이 뚫고 본다

날개치는 인생길

힘들고 지칠 때도 저 먼 산 바라보면
봉마다 치솟는 빛 가슴팍에 스며든다
맥박을 달구치면서
백 년 꿈만 일구라고

비탈길 걷노라면 산새들 날갯짓에
약삭빠른 날다람쥐 눈치 슬슬 살펴대듯
괜스레 바람결 타고
푸른 하늘 날고 싶어

한평생 아스라이 자연 속에 파묻히어
꿈에서나 생시에나 시 한 수에 녹아들면
인생길 날개를 치듯
앞날 환히 열리리라

신문은 길동무야

매일 아침 문밖에선 신문이 반겨주네
눈 맞춰 읽다 보면 웃음 한 줌 눈물 한 줌
인생길
기쁜 일 슬픈 일
뼈저리게 일러줘

한세상 사는 맛이 같을 수야 있겠는가
애욕의 가슴앓이 비껴갈 수 없는 것을
신문은
거울과 같아
삶의 철학 일깨워 줘

책 속에 파묻히다 텔레비전 보다가도
신문이 쉬는 날은 허전하기 바이없어
한평생
길동무를 맺어
백 년 향락 다짐했네.

별빛은 삶의 길라잡이

캄캄한 밤중에도 별빛이 내리쬘 땐
가슴팍 활짝 열고 용꿈에 실려본다
은은히 들려오는 음률
핏줄 속에 스며들게

저 하늘 우러르며 아려하게 받아들여
꽃송이 향기 맡듯 지평선에 펼쳐대면
아늑한 지상낙원이
구김 없이 펼쳐지리

덧없이 흘러간 세월 미련쯤 팽개치고
천지가 들끓듯이 자화상을 그려보면
별빛은 삶의 길라잡이
앞길 환히 열어주리

날밤 꼬박 새워 봤지

하루해 잘라먹고 시 몇 편 낚고 엮다
절규하는 침묵 속에 눈초리만 달궈 봤네
나 홀로
백년대계의 꿈
옥빛 구슬 닦느라고

고요 속 시계 소리 귓바퀴를 간지를 땐
귀한 시간 움켜쥔 듯 가슴팍도 뭉클뭉클
창문 밖
괴상한 소리쯤
보약 먹듯 하였지

올빼미 눈을 닮아 이다지도 밝은 건가
오밤중 지나칠 땐 정신조차 영롱해져
아침 해
웃을 때까지
날밤 꼬박 새워봤네

괴상 야릇한 잠꼬대

심연에 빠져든 듯 먹구름에 휘말린 듯
정신은 아찔아찔 앞뒤조차 분간 못 해
별 수단 다 부려 봐도
방향 감각 잃었었지

달빛만 헤아리다 별빛 속에 파묻혔네
명시 한창 낚아채는 보석 같은 꿈만 꾸다
괴상한 별별 영상들이
신기루로 비추었지

밤새껏 헤매던 중 하늘의 은총이던가
내 가슴 두드리며 시집 가득 안겨주네
잠꼬대, 신선 같은 잠꼬대
선잠 깨운 신비여!

희망찬 아침 해

동산은 약삭빨라 아침 햇살 먼저 받고
새벽잠 깨워놓고 온 세상 사로잡나
시선을 놀려 대는 듯
웃음보만 터트려

풀 앞에 맺힌 이슬 꼼짝달싹 못 하도록
붉은 핏줄 팔팔 달궈 엄포깨나 놓는 건가
잠시도 눈 돌릴 새 없이
쏟아붓는 샘바리

뱃심도 대단하다 하늘문 활짝 열고
넓은 영토 독차지해 군자대국 꿈만 꾸나
저 포부 바다같이 넓어
당할 자가 없는걸

명상에 잠기는 날

한잔 술 기분 좋아 단숨에 들이키면
지난날 잘잘못이 불현듯 불끈 솟아
명상에 잠겨 들수록
뜬구름도 친구라네

창문 틈 바람 소리 멜로디로 들려오고
귓바퀴 갉아대도 나도 몰래 취해버려
명상곡 리듬에 맞춰
화음으로 짝짜꿍

흘러간 지난 세월 수레바퀴 타고 온 듯
새겨보는 자화상에 떠오르는 옛 시절가
명상록 한 페이지에
가득가득 채워본다.

모두 다 바쁜 하루

말 없는 앞산 뒷산 햇살 한 줌 받아먹고
청청한 푸른 숲을 엮어가고 있다 하네
저 속내
아무도 몰라
바람 잘 날 없는 것을

구름도 지나가다 연못 속에 살짝 숨어
연꽃잎 사이사이 가부좌를 틀고 있다
사는 게
다 그런 거야
공짜 밥은 없다잖아

두더지는 땅속에서 온몸을 숨기면서
무슨 죄 짊어지고 피땀 저리 흘리는가
저리도
하도 바빠서
낮잠 한번 못 잔다네

새벽 등산

선잠 깬 눈 비벼대며 뒷동산에 올라 본다
까치는 어리벙벙 헐레벌떡 도망치고
깍깍깍 짖을 새도 없이
번개같이 몸 낮추네

어둠길 헤치면서 안개쯤 밀어내며
꿈틀대는 벌레마저 못 본 척 등 돌리다
한순간 동녘 하늘이
화가 난 듯 낯을 붉혀

발걸음 재촉하며 하산하는 길목에는
외로운 개망초가 웃음 짓고 반기는 듯
그제야 쪼들린 가슴
새 세상을 열어 봤네.

화난 바다

바다도 화를 내나 고운 얼굴 먹칠하며
넓고 넓은 저 마음씨 철석같이 믿었건만
군자가
어디 있겠는가
배알이 뒤집히는데

저리도 먼 곳에서 만리경을 쓰고 봤나
바닷가 죄진 자는 모조리 쓸어버려
쓰나미
지나간 자린
중구난방 쓰레기뿐

기타를 퉁기듯이 모래톱만 매만지며
곱고 곱던 넓은 아량 어찌 그리 팽개쳤나
한순간
폭군이 되어
물불조차 못 가렸네

인생별곡
- 헷갈리는 두 마음

인생을 살다 보면 별별 일이 다 있는 법
잊으려도 잊지 못할 기막힌 사연들을
하나 둘 금줄에 꿰어
거울 보듯 비춰도 보고

버릴 건 버려야지 굳은 맹세 하면서도
하루에도 열두 번씩 미련이 앞을 가려
날마다 입술만 깨물며
파르르 떨어도 보고

반가워도 두려워도 아름다운 삶의 조각
정들고 헤어짐은 이슬 같은 운명인가
오늘도 저 하늘 받들어
저녁놀에 헹궈본다.

숲속 새아침

돋을볕 열린 아침 눈을 뜨는 한 찰나에
바람도 즐겁다고 창문틀에 매달린다
저 숲속,
맑은 향기가
코끝에서 뱅뱅 돌고

위아래 살펴봐도 모두 다 내 편이라
치솟는 만군의 힘 어깨가 들썩들썩
붓 끝에
시정을 담아
사랑 노래 읊어 본다

꽃봉오리 마주치면 무심결에 웃음 터져
살점까지 떼어 주고 글벗이 되고 싶네
온갖 새,
천국을 만난 듯
리듬 맞춰 춤을 추고

슬픔도 아름다운 것

깊은 한숨 쉬어가며 마른 어깨 움츠리고
만고풍상 다 겪어도 비단길 걸어가듯
섬 하나
짊어진 심정
야릇하게 풀어 왔네

인생 앞에 시린 불빛 누구 엔들 없을쏜가
가시덤불 속에서도 꽃향내 내뿜듯이
슬픔도
아름다운 것
보약처럼 마셔댔네.

창공의 신비
- 비행기를 타고

바람결에 몸을 싣고 공중묘기 부리는 듯
새가 되어 훨훨 날며 신선으로 거듭난 듯
신비의 창공을 뚫고
새 천지의 맛을 본다.

발아래 구름덩인 양 떼처럼 요동치고
머리 위엔 붉은 햇살이 새 천국을 이루었네
꿈속의 우주여행인가
자화상을 그려본다

망망대해 가로질러 섬 하나 도두보일* 땐
눈빛조차 아롱거려 온 세상이 내 것인 양
영원 삶, 흥얼거리며
하늘땅을 품어 보네

*도두보이다 : 실상보다 좋게 보이다. 돋보이다의 본말

굉음轟音소리

앵앵 대는 모깃소리 심장까지 파고들어
곤한 잠 깨워놓고 무슨 심술 그리 떠는지
그래도 성이 안 찼나
헌혈하라 졸라대고

문살 틈에 끼인 바람 애성이 북받친 듯
소름이 끼치도록 심장 속을 파고들어
밤새워 헛바퀴 돌 듯
귀한 시간 다 놓쳐

기차는 한 수 더 떠 체면일랑 아예 없어
발굽 소리 소란 피우며 고성방가高聲放歌 불러대네
하기야 우리 인생도
제멋대로 사는 걸

낙낙장송, 끈질긴 집념

칼바람에 휘말려도 먼 산만 바라보나
긴 세월 제자리에 우뚝 선 참된 모습
언제나 맑고 힘찬 맥박
헛손질도 아니 해

세상사 귀찮다고 서러워하지 말라
날 때부터 천생인연 그 뉘가 탓하겠나
짊어진 사주팔자는
책임지고 가라 하네

맘씨가 올곧아야 천년 앞길 열린다고
사시사철 푸른 핏줄 하늘 뜻만 우러르네
한평생, 끈질긴 집념
변치 않은 저 절개여!

낙화유수
- 꽃은 지지만 희망은 더 크다

화사하던 꽃봉오리 꽃말만 남겨놓고
며칠 새 실바람 타고 저리 멀리 떠나갔네
벌 나비, 오던 길 멈추고 먼발치서 애만 태워

떠나간 그 자리엔 벌 나비 등을 돌려
햇살만 고이 앉아 옛 생각만 더듬는가
세속도 변하고 변해 물 흐르듯 흐르는 걸

인생도 살다 보면 덧없음을 느끼잖나
제멋에 속삭여도 옛것은 다시 못 와
한순간 꽃은 떨어져 제 갈 길만 찾아가네

사랑은 영원한 것 꽃술이 머물던 자리
어느새 알맹이로 공든 탑이 세워지듯
이 아침 희망의 샘물 줄줄 흘러내리네.

제8부 시인의 노래

시인의 꽃

이 세상 꽃 중에는 별의별 꽃 다 있다네
곧은 힘줄 추켜든 꽃 고개 숙인 얌전한 꽃
저마다 타고난 천성이라
말릴 수도 없는 것을

인생도 성깔 따라 행동거지 차이 나듯
옳고 그름 분별하기 천차만차 서로 달라
보고도 감히 못 말려
눈뜬 소경 같지 않나

시인은 세월 타고 꽃 그림만 그려가고
헛된 신심信心 불사르며 시향詩香에만 눈길 돌려
한평생 기쁨이 넘치는
꽃송이만 그린다네

시는 언제나 미완성

도장 파듯 새겨보며 정성 들여 써보아도
안갯속 세상 같아 자고 나도 흐리멍덩
낯익은 목소리마저
어렴풋이 사라지고

달아난 시간 쫓다 허둥지둥 주저앉아
내리쬐는 햇살 잡다 구름에 밀려나듯
줄 없는 풍선 띄우려다
하루해를 다 보낸다

알쏭달쏭 귀한 글귀 은구슬로 맞추려다
금쪽같은 언어들이 미망 속에 녹아버려
새로운 멜로디 타고
갈팡질팡 헤맨다네

시인의 신선놀음

슬픈 뉴스 듣고서도 뒤통수를 맞고서도
만사형통 이룬 듯이 싯가락만 읊조리네
뱃심도 뻔뻔스럽게
문향에만 취해 들며

모진 풍파 겪고 겪어, 비틀어진 나무에 홀려
꿈꾸듯 껄껄대며 핏줄 속에 새겨대고
모질긴 고난의 행군도
천사인 듯 자부하네

물소리 바람 소리 둘도 없는 벗을 삼아
담백한 삶의 노래 유유자적 새겨대네
세상은 모두 다 친구
신선놀음 아니던가?

시인의 노래 1

시인은 우주를 품고 하루해를 보낸다
시인은 백 년 앞길 환히 열고 달린다네
시인은 한세상 품고 티끌조차 끌어안네

시인은 시심을 일궈 한 하늘 우러른다
시인은 꼬인 매듭을 슬기롭게 풀고 마네
시인은 언어의 조련사 시 한 수로 몸을 달래

시인은 글감을 골라 주옥같은 시를 짓네
시인은 시 한 수 낚아 알찬 보람 낚아보세
시인은 촉감을 일궈 한 하늘도 퍼 올린다

시인은 시혼을 달궈 어진 시만 갈고 닦네
시인은 꽃노을 띄어 금자탑만 연신 쌓네
시인은 집념을 쏟아 천년 글발 낚아챈다.

시인의 노래 2

슬픔이 닥쳐와도 기쁨으로 엮어내고
하늘 뜻 내려받아 무지개를 그려본다
봉황새 날개를 타고 우주 한껏 날아보게

물소리 새소리에 영롱한 핏줄 가눠
꽃구름 황혼 녘에 솟대 하나 세워본다
해 맑던 동심의 꽃밭 가슴 깊이 되새기며

영광도 억울함도 도가니에 희석해
밝은 곳 어두운 곳 공통 분모 찾아내고
무아경無我境, 저 별빛 속에 몸을 헹궈 본다.

시의 미학

천둥 번개 으름장에 칼바람이 후려쳐도
탯줄 같은 믿음 속에 자화상을 그려보면
오색실 훌훌 펼치듯 튀는 글발 잡아 본다

한 계단 오를수록 햇살 같은 힘이 솟아
인생 갈피 틀어잡고 먹먹했던 귀도 열고
시 한 줄 엮고 또 엮고
행복감을 절로 느껴

쓸쓸함이 닥쳐와도 밝은 등불 환히 밝혀
시인의 최고의 멋 운율이 톡톡 튀어
낚시로 금붕어 낚듯
시의 미학 일궈본다.

시를 읊다
- 만물의 시

머릿속에 아른대는 시어들을 가려내어
꽃송이 윤빛나게 가지마다 피워놓고
벌 나비 불러 들이어 춤사위로 펼쳐본다.

저마다 성격대로 세상 물정 탐내듯이
요리조리 가다듬어 금줄에 엮어 달고
뭇사람 끌려오도록 강한 자석 되는 거다.

천지 우주 참빛 되어 억겁을 지나가도
영원한 길잡이로 밝은 세상 열리게 해
천추의 한을 풀면서 싱글벙글 사는 거다.

넓고 넓은 황무지엔 풀벌레도 등 돌리듯
오아시스 없는 사막 메마르기 그지없어
삶의 맛 일군 자리엔 참된 시를 깔아놓네.

시혼詩魂에 취해

눈여겨 훑어보면 세상만사 시인 것을
귀 열고 들어보면 음보조차 톡톡 튀고
감탄사 절로 우러나
쪼아대는 가슴팍

시계 소리 똑딱똑딱 밤낮없이 감고 돌아
받는 것도 글뿐이고 내줄 것도 글뿐이라
밥 한술 나누어 먹듯
주고받는 시 한 구절

온갖 만사 어른거려 깊은 잠 못 이뤄도
태평양 파도마냥 줄기차게 출렁거려
옹골찬 시혼에 취해
대박 꿈만 연신 꾸네.

시인의 만년 꿈

푸른 별은 푸른빛만 붉은 해는 붉은빛만
내 실속 차려가며 천하만사 휘어잡듯
시인은
저 창공을 넘어
오색빛깔 훨훨 감아

향기가 그리워서 꽃밭에서 나뒹굴 듯
과일이 눈에 어려 잠결에도 사무치듯
시인은
글발만 낚아
솟는 욕망 가로채고

눈물이 글썽일 땐 쓴맛도 달게 받아
심장에 박힌 못쯤 시원스레 뽑아 버려
시인은
시심을 달궈
만년 꿈만 펼친다네

시인의 심상

예나 제나 어딜 가나 시심에 홀로 취해
꽃잎 나불거리듯 책갈피만 파고든다
햇살이 해맑은 날엔
높은 이상 가누면서

저 들판 강쇠바람 푸른 물결 판을 치고
뒷동산 말매미가 목청 자랑 늘어놓을 땐
구름이 두둥실 춤추듯
시선詩仙 꿈에 놀아나고

별들마저 고즈넉이 고이 잠든 어둔 밤엔
벌레 소리 뻐꾹 소리 무진 풍과 아로새겨
시인은 심상 곧추세워
묘한 글발 옮아챈다

방랑자의 인생 문학

구름 따라 바람 따라 넘나드는 무진 세월
소설 같은 인생길을 때도 없이 점쳐가며
짊어진
내 운명대로
삶의 노래 불러대고

보슬비나 소낙비나 타고난 천성대로
저 먼바다 꿈에 실려 주야장천 달리듯이
그날이
그날이 인양
가락춤에 놀아나고

날 새면 이슬방울 옥빛으로 물들이듯
단비가 쏟아지면 꽃들이 방긋 웃듯
문학에
취한 방랑자
글귀 마냥 낚는다오.

시향에 취하는 날

가는 세월 오는 세월 가슴속에 북받칠 땐
아른대는 옛 추억이 번개 치듯 번뜩거려
눈동자 굴려 볼수록
새론 시상 떠오르고

벌 나비 꽃이 좋아 날개 춤에 놀아나면
시인도 얼싸절싸 시흥이 절절 솟아
야릇한 삶의 향기로
글발 마냥 일궈대고

세상만사 겪을수록 뇌리에 사무칠 땐
천연스런 리듬 가락 힘찬 맥박 울려대어
시향에 취하는 날은
으뜸 시만 연신 낚네

시 한 수 낚아채기

보배로운 귀한 글귀 요리조리 엮어봐도
낯설은 타관인 양 아리송 어리숭해
기어이 눈동자 굴려
시의 동산 쳐다보네

아쉬움이 북받칠 땐 힘찬 물결 넘쳐나듯
온갖 시상 떠올리게 하늘눈도 쳐다본다
미완성 작품일지라도
꽃 한 송이 피우도록

목말라 찾은 샘물 이다지도 시원할까
흥에 겨운 춤사위에 글발이 마냥 솟아
시혼도 기상이 펼펼
시 한 수를 낚아채네

시를 낚아 날려보네

물밀듯 시를 낚아 하늘 높이 띄워 보네
미묘한 넓은 세상 고이고이 아로새겨
정다운 세월의 노래
어기차게 부르면서

매사를 되새기며 성스럽게 살아온 길
그 뉘가 뭐라 해도 나에겐 보물 같아
만군의 힘찬 날개 펴고
공중 묘기 부리면서

빛나게 달군 인생 꿈엔들 잊으리까
야릇한 신비로움 말로는 표현 못 해
시 한 편 신나게 엮어
하늘 향해 날려 보네

꿈속에서 낚아채는 글발이여!

언제나 어디서나 글발은 동반자여!
세월은 흘러가도 멈출 줄도 몰라 하고
눈앞에 살랑거리며
온갖 아양 부려대네

책 읽다 잠든 시간 용케도 알아채고
칠흑 같은 야밤중에 두려움도 하나 없이
귓속말 소곤거리며
글귀 마냥 덧붙이네

뱃심도 대단하게 철통같이 파고들어
철옹성도 뚫을 듯이 맺고 마는 깊은 인연
저 큰 뜻 꿈속에 사무치어
낚아채는 글발이여!

자화상

나비같이 날아왔다 꽃잎 지듯 사라져도
바람처럼 윙윙대다 소낙비쯤 맞아본들
인생은
곧은 줏대로
천 리 앞길 가늠 본다

수정같이 맑은 정신 갈고 닦는 값진 몸매
젖은 하늘 가르면서 중구난방 헤매어도
인생은
무지개빛에
무한 열정 달궈본다

날만 새면 아침 햇살 온갖 만물 깨워놓듯
굳은 심성 달구면서, 꽃 한 송이 피우면서
인생은
백세시대에
알찬 삶을 노래하네.

시집을 받고 나면

시집 한 권 받고 나면 웃음꽃이 절로 핀다
오는 정 가는 정에 등댓불 환히 밝혀
막혔던 오장 육부가
시원스레 뚫고 뚫어

야박했던 무진 세월 슬그머니 녹아버려
닳고 닳은 몽돌처럼 고운 몸매 달구듯이
책 속에 맺힌 사랑가
오묘하게 인연 맺네

어둠 속에 헤매어도 밝은 내일 찾아오듯
시 한 수 읊으면서 값진 보물 낚아챈다
작가의 혼불을 감아 구슬같은 얼을 쌓고

새들이 깃을 펴고 춤사위로 흩날리고
거목도 만년 바위도 참선에 들지 않나
인생 맛 새로운 삶을
책갈피서 다져본다

시는 사계절 반려자인가

새싹이 돋아나면 글귀들이 야단법석
봄기운이 녹아내려 온 몸통 휘감으면
밤마다 별빛에 실려
사랑시만 읊어대고

꽃잎에 새겨진 사연 문맥文脈으로 흘러 흘러
문인들 눈길 끌고 닫혔던 귀도 열어
시혼詩魂이 햇살에 둥둥
꾀꼬리 타고 노네

열매 가득 익어가면 그리움을 참지 못해
우연히 우러나오는 즉흥시로 풀어 놓고
낭송회 멋진 음율音律이
시율詩律까지 가다듬네

눈보라가 휘날려도 맑은 핏줄 연신 돌아
속속들이 배어 있는 시정詩情을 잊지 못해
짜릿한 입맛 다시며
좋은 작품 쟁여 놓네

사시사철 이는 시의 혼불

봄이면 매 봄마다 남보다 일찍 눈 떠
삼라만상 깨워놓는 설중매의 본을 받아
새 생명, 혼불을 지펴 글감부터 건지라네

여름이면 여름마다 땡볕이 내리쬘수록
나뭇가지 깔고 앉아 푸른 잎새 앙가슴 펴듯
폭넓은 시혼을 살려 명시만을 옮기라네

가을이면 가을마다 곱디고운 단풍물에
맑은 심성 헹궈가며 깊은 정열 내 뿜듯이
청명한 하늘을 이고 목청 높여 읊으라네

겨울이면 겨울마다 헐벗은 나무처럼
뛰는 맥박 끌어안고 천년 앞길 가늠하듯
바위도 사무치도록 만년 시를 남기라네

꿈결에도 시를 쓰네

낮에 나온 저 반달이 꿈결에도 사무친다
얼마나 외롭던가 친구도 하나 없이
그대로
시흥詩興에 실려
곧은 길만 걸어가고

한 세상 살다 보면 별별 일이 다 있는 걸
야릇한 행동거지 빗나간 상처가 돼
온갖 죄
뉘우치면서
핏줄 달궈 시를 쓰고

아무도 오지 않는 한가한 길목에선
허허로운 바람 타고 시상 훨훨 날리면서
다잡는
명시 한 줄이
이 내 몸을 감싸 도네

제9부 시조로 만든 가곡

섬강별곡

채윤병 시
나유성 곡

아 섬강이여

채윤병 시
나유성 곡

아침바다

채윤병 시
윤대근 곡

粟東市歌

대동의 새해 아침

채윤병 작사
백승태 작곡

저 - 도 란 - 산　　비 - 로 봉 - 은
바 - 닷 물 - 도　　춤 - 을 춘 - 다
밤 - 새 도 - 록　　출 - 렁 이 - 던

아 - 침 햇 - 살　　먼 - 저 받 - 아
대 - 동 펄 - 을　　끌 - 어 안 - 고
망 - 망 대 - 해　　거 - 센 물 - 결

臺東大學 讚歌

채윤병 작사
백승태 작곡

미화기술학원 찬가

채윤병 작사
백승태 작곡

미 화-에 꽃봉우리 어기차게 피어난-
전 통-자랑 솜씨자랑 하늘땅이 먼저알
축 복-받는 병동땅-에 잔별들도 날밤새-

다 - 어-딜가나 - 일등기술 -
고 - 거-센물결 - 일궈대는 -
워 - 값진열매 - 다듬으며

신념하나 앞세우고 고 귀-한
태평양도 놀란다오 새 롭-게
천년앞길 가늠한다 아 아-아

창업정-신 힘찬뿌리 내려보 자
창조또-창조 뛰는맥박 두드려보세
장하다-장해 우리미화 기술학 원

옥수수

채윤병 시
나유성 곡

전통음악교육 무엇을 어떻게 왜

가을 노랫가락

채윤병 작사
이동재 편작

굿거리 장단

곱 고 고운 은행잎-이 재롱 깨- 나-부 려-댄-다
알 밤송이 대문 열-고 소풍 가-자 법석-떨 며

노 랗게 분 바르-고 어리 광-을 부리 면-서
햇 살이 청청 감-고 같이 가-자 살살- 찐다

귀-엽게 길가에누 위-가을 일기-를 쓰 고-있-다
다-람쥐 눈치도 빨-라 먼저 와 서-입 벌 려-요

멋 적은 버들잎-도 미화원 이-쓸 고-난-뒤
갈 바람 장난질-에 별별 떠 는-사 시-나-무

눈 치보다 삼초만-에 - 장-난 질-을 치고-싶-어
새 빨간-고추 잠-자리 우-습 다 고-놀 려-댄-다

앞-다 뒤 출랑-거리-며-재잘 재-잘 내리-뛴-다
사-과는 얼굴-붉힌- 채 내손 끝- 만-살 피-는-데

357

■ 후기

작품의 정리를 마치고
- 아버지와 못다 한 대화를 나누는 시간

   어느 날 갑자기 아버지께서 떠나셨다
   생신날이 평일이라 주말을 이용하여 미리 뵙고 왔었다. 그러나 이삼 일 지나고 정작 생신날엔 전화를 받지 않으셨다. 처음에는 일이 있어 잠시 외출하셨을거라고 믿었으나 끝내는 목소리를 들을 수가 없었다. 아주 멀리 가서서 불러도 불러도 대답이 없으셨다. 갑자기 시계가 멈추어 모든 것이 정지되었다.

   아버지의 서재를 정리하다가 '섬강별곡 9집을 내면서 서시(序詩)'와 미처 퇴고를 끝내지 못하신 작품들을 발견하였다. 구순이 되는 해에 발간하시려고 준비 중이셨다. 이면지와 인쇄된 글의 여백에 습작 메모 처럼 적어놓으셨기에 처음에는 작품이라는 생각을 미처 하지 못했다. 쌓여있던 종이들을 다시 꺼내어 동생들과 나누어 옮겨 적기 시작했다.
   정리를 마치고 나니 시조 1000여 편, 동시조 200여 편이 되었다. 그 중에서 이번에 섬강별곡 한 권과 동시조집 한 권을 엮어 내게 되었다.

작품을 정리하는 동안 수시로 눈물이 났다. 울고 싶지 않은데도 눈물이 줄줄 흘러내렸다. 그냥 눈물이 나왔다. 어떤 날은 '왜 그렇게 갑자기'라는 생각과 함께 이상한 생각들이 안개 피어오르듯 스멀스멀 머릿속을 헤집고 다닐 때도 있었다. 이 세상에 소풍 나왔다가 되돌아갈 때 사람들이 손잡고 가장 많이 하는 말 '사랑해' '사랑합니다'라는 말 한 마디를 나눌 수 있었다면….

많은 여한이 남는다.

아버지께서 남기신 글이 없었다면 그나마도 아버지와 더 이상 깊은 대화를 나누지 못했을 것이다. 남겨주신 글들은 우리에게 많은 위로를 주었고 그것이 사랑의 다른 이름이라는 걸 깨닫게 해주었다.

치악산이 우뚝 솟아있고, 섬강이 흐르는 곳, 소군산이 있는 매화마을은 아버지의 고향이었고 우리들의 고향이기도 하다. 우리가 태어나기 전부터 봐오셨을 섬강과 고향 풍경을 한 폭의 산수화를 그리시듯, 노래를 부르시듯 심혈을 기울여 글로 남겨주셨다.

소군산 산자락에는 아버지께서 세워 놓으신 시비(詩碑) 동산이 있다. 아버지께서 지으신 효친시조(불효자의 마음), 섬강별곡, 연리지 소나무, 등단작품과 동백문학회 아시아작가협회에서 선물한 국문, 한문, 영문으로 쓴 '웃으면 복이 와요' 등의 시비(詩碑)가 세워져 있다. 그 동산을 오를 때마다 생각나는 아버지의 시조 한 편이 있다.

    새소리 벌레 소리 때도 없이 들려오듯
    어딜 가나 글귀들이 날개 치듯 용솟음쳐
    한 시인 시혼(詩魂)을 달궈 어진 삶만 갈고 닦네.

저 별들 날밤 새워 호들갑을 떨어대도
세속 인심 엉클어져 악몽에 시달려도
한 시인 꽃노을 띄워 금자탑을 연신 쌓고.

꽃 진 자리 알찬 열매 주렁주렁 맺히듯이
향나무는 죽어서도 향내 솔솔 내뿜듯이
한 시인 줄기찬 집념 천 년 글발 낚아챈다.

- 시인의 집념-

"아버지 부디 편안하소서."

아직도 아버지와의 이별이 실감 나지 않는다. 곧 이름을 부르시며 나타나실 것만 같다. 꿈속에서라도 뵙고 싶은 마음이 간절하다

나뭇잎들이 연녹색에서 짙은 녹색으로 변해가기 시작할 즈음에 시작하여 단풍으로 옷을 갈아입는 가을에 작품의 정리가 끝났다.
작품이 나오게 되기까지 도와주신 작은 아버지(채현병 한국시조협회이사장)와 열린출판 임직원께 감사의 인사를 드리고 바쁜 일과 속에서도 틈틈이 유고집을 함께 정리해 준 동생들(영희. 희자, 희성, 희수, 희중)의 노고에도 고맙다는 말을 남긴다.

2023년 10월 28일 장녀 채희숙

시비詩碑 제막식

    2023년 4월 8일 오전 11시에 매호리 상촌마을에서 시비 제막식을 거행하였다. 동생인 채현병 시인(한국시조협회이사장)과 원주문협고문 김성수 시인, 횡성문학회의 구연백 시인, 일가 친척과 지인들 20여 명이 참석하였다.

  별 하나 소리 없이 내려 앉은 겨울 밤에
  홀언히 떠나신 길 천만리 머나먼 길
  이내 곧 그 길 되돌아 오실 줄만 알았어요.

  기다려 기다려도 기어이 떠나신 님
  글이 짧아 다 못 쓴 말 그리움 뿐인데도
  이 가슴 너무 작아서 담아 낼 수 없어요.

                <글 : 채희숙, 글씨: 채현병>

지은이 소개

■ 이력

채윤병(蔡允秉): 시조시인, 아동문학가, 서예가, 교육자

아호(雅號): 춘헌(春軒)

1934년 11월 8일(음력, 호적 1936년 1월 21일) 평강 蔡씨 洙範 선생과 진주 姜씨 榮運 여사의 장남으로 강원특별자치도 원주시 호저면 매호리 출생

2022년 12월 02일 별세

선영: 강원도 원주시 호저면 매호리

산현간이학교 졸업

산현초등학교 졸업

서울사범학교(6년제) 재학 중 6.25 한국전쟁을 겪음

춘천사범학교 졸업

한국방송통신대학교 초등교육과 졸업

한국방송통신대학교 교육학과 졸업(교육학사)

서울민족시사관학교 22년 교육

초등학교 45년 봉직(국민훈장 동백장 수훈)

■ 문학 활동

한국시조협회 자문위원

강원문인협회 이사

강원아동문학회 부회장

강원시조시인협회 부회장

강원국제펜클럽 운영위원

서울열린시조학회 이사

동백문학 산다촌 문인회장

남한강문학회 부회장

동백문학회 부회장

황산시조문학회 부회장

한국문인협회 회원

한국국제펜클럽 회원

한국시조시인협회 이사

국제동백시인협회 이사

한국 및 동남아 작가협회 이사

국제동백시인협회 이사

한국 및 동남아작가협회 이사

아시아 작가협회 이사

■ **국제 예술 활동**

2009년 『대동의 새해 아침』 10수 중 3수가 대동시가 공모작으로 당선되어 의회 통과

2010년 『중화민국 국립대동대학 찬가』 작사

2010년 『중화민국 미화기술대학원 찬가』 작사

2009년 서예 작품 『대동의 새 아침』 중화민국 복강호텔에 기증
(시조 10수: 320cm * 120cm)

2010년 서예 작품(단시조) 중화민국 한국영사관에 기증

2010년 서예 작품(연시조) 중화민국 상이용사회에 기증
담강(淡江)대학교 1점, 대동시장실 1점, 중국 연변 3점, 중국 허페이시 3점 기증
싱가포르 환태평양 국제회의실 『국제 청소년 헌장』 1점 기증

■ 국제문화교류 활동

환태평양 국제교류연맹 교육위원장

국제환경 청소년연맹 실무위원회 위원장

국제환경 예술위원회 위원장

국제환경 연합 UFC 고문

한중문화교류위원회 이사

한국손문연구회 국제교류원 부원장

■ 저서

2002년 섬강별곡 1(시와 비평사)

2003년 섬강별곡 2(시와 비평사)

2003년 동시조집 섬강일기 1(시와 비평사)

2005년 동시조집 섬강일기 2(시와 비평사)

2005년 섬강별곡 3(시와 비평사)

2007년 동시조집 섬강일기 3(시와 비평사)

2007년 섬강별곡 4(시와 비평사)

2008년 웃으면 복이 와요(笑笑福自來) 韓中版(동백문화재단출판부)

2011년 웃으면 복이 와요(Laugh & Grow Fat) 한영판(동백문화재단출판부)

2011년 태산도 잠 못 이루고(손문정신을 기리며) 한중영판

2012년 섬강별곡 5(시와 비평사)

2013년 섬강별곡 6(시와 비평사)

2017년 섬강별곡 7(시와 비평사)

2021년 섬강별곡 8(열린출판)

■ 문학상 수상 경력

<국내상>

1997년　치악문화제 전국시조 백일장 차상(강원도지사상)

1998년　전국시조 백일장 장원(문화관광부 장관상)

2000년　동백문학(시조 및 동시조) 신인상 '백두산', '옥수수'

2001년　중앙일보 지상 시조 백일장(중앙일보사)

2001년　샘터시조문학상(서울샘터문학회장)

2002년　열린시조 전국백일장 장원(서울열린시조학회)

2003년　제20회 동백문학상(동백문학위원장)

2004년　제9회 북원문학상(한국문인협회 원주지부장)

2006년　제23회 동백예술문화상(동백예술운영위원장)

2007년　제4회 남한강문학상(남한강문학회장)

2007년　제21회 황산시조문학상(황산시조문학 운영위원장)

2009년　제1회 올해의 좋은 작품상(동백문화재단 이사장)

2009년　제28회 강원아동문학상(강원아동문학회장)

2010년　한국동시조 문학상(한국동시조문예진흥위원장)

2010년　원주예총 문화예술대상(원주예총연합회장)

2012년　제18회 강원시조문학상(강원시조문학회장)

2012년　샘터문학상(샘터문학회장)

2012년　세종문학예술대상(세종문학회장)

2013년　강원국제펜클럽 번역작품상(강원국제펜클럽위원장)

2013년　동백예술문학상(동백예술문학회장)

2017년　한국시조협회 문학상(한국시조협회 이사장)

2019년　세계문학상(세계문인협회장)

<국제상>

2009년 국제문학상(중화민국 시서화협회장)

2009년 국제문학상(홍콩문예학회장)

2010년 국제문학상(태국문예학회장)

2011년 국제통섭문화박애상(국제 손문연구회 운영위원장)

2013년 국제만송예술대상(국제 만송예술상 운영위원장)

2016년 세계인물걸출상(중화민국)

2010년 국제 감사장(중화민국 국제환경청소년 연맹, 사상고등학교장, 중화민국 대동시장, 대동현장, 대동현 체육회장, 대동현 미술교육학회 이사장, 국립대동대학교장, 대동시 풍리국민학교장, 대동시 풍원국민소학교장) 국내 감사장(동백문화재단, 동일초등학교장, 명일초등학교장)

■ 기타

1968년 전국휘호대회 한글부 장원(국무총리상)

2007년 현대시 100주년 기념 시화전(세종문화회관)-시조: 아침바다

2008년 독도 엔솔로지『내 마음 속의 독도』시조: 믿음직한 독도, 서예 3점

2008년 한겨레작곡가협회 창립연주회 윤대근 작곡 <작사: 아침바다>

2008년 충남 보령시 시와숲길공원 시비(詩碑) 시조: 연리지 소나무>

2009년 1월『웃으면 복이 와요(笑笑福自來)』한중판 출판기념회를 중화민국 대동현 교육청 주최로 열고 동남아 여러 나라에 배포함.

2011년 중화민국 손문기념관에서 출판기념회를 가짐
(세계 각국에 배포)

2011년 국제서예대전 입상(중화민국 국제서예대전협회장)

2012년~2022년 원주투데이 <시의 향기>에 게재, 원주시립도서관 시화 액자로 게시(시조: 폭포 외 8편)
2015년 한국을 빛낸 시인 100인에 선정